독일헌법 기본권 일반론

독일헌법 기본권 일반론

정 문 식 저

전남대학교출판부

머리말

본서를 쓰게 된 직접적 동기는 대학원수업에 기원한다. 드라이어(H. Dreier) 교수가 편찬한 독일헌법 주석서 1권의 기본권 일반이론 부분을 텍스트로 삼아 원서강독수업을 하면서, 주로 기본권 일반이론에 대한 독일의 상황을 설명하고 그 배경을 이해하며, 질문하고 토론했다. 번역서를 내자는 제안이 있었으나 짧더라도 독자적인 단행본을 내는 것이 낫다고 판단했다. 번역에 중점을 두다보면, 단어나 문장 자체가 갖고 있는 배경이나 그 밖에 상황 등에 대한 내용 전달에는 한계가 있기 때문이다. 또한 『통일 독일헌법원론』(K. Hesse), 『독일기본권개론』(B. Pieroth/B. Schlink), 『기본권이론』(R. Alexy) 등 잘 번역된 독일 기본권 일반이론서들도 있다.

바이마르공화국 헌법부터 현재 독일의 실정헌법에 이르기까지, 독일의 헌법학관련 이론은 제헌헌법부터 지금까지 한국헌법에 지대한 영향력을 행사했다. 특히 기본권부분은 더욱 그렇다. 독일의 기본권 이론과 대한민국의 기본권 이론은 유사한 점은 많지만 일치하지는 않는다. 따라서 독일 기본권의 일반이론을 명확히 이해하고, 그로부터 독자적인 한국 기본권의 일반이론에 대한 정립노력이 필요하다. 각 장의 말미마다 그러한 노력을 시도해 보았다. 그런 점에서 본서가 2009년부터 개원하는 법학전문대학원 학생들과 법학을 공부하는 학생들에게 도움이 되길 바란다.

시간과 능력부족으로 미처 깨닫지 못한 오류나 오해 등은 피할 수 없을 것이며, 이에 대한 모든 책임은 나에게 있다. 본서에 대한 다른 견해나 문의사항, 오류 등에 대해서는 jeongabr@chonnam.ac.kr로 보내주면 감사히 반영하겠다.

연구 작업을 마칠 때마다 은사이신 양건 선생님의 학은과 인격적 영향을 결코 지나칠 수 없다. 선생님의 날카로운 분석과 평가는 지금도 동경의 대상이다. 고인이 되신 배준상 선생님의 인자한 가르침은 아직도 그리울 뿐이다. 독일의 기본권이론에 대한 이해는 은사이신 클뢰퍼(M. Kloepfer) 교수의 영향이 전적으로 크다. 이분들의 학은과 명예를 가리지 않고, 청출어람이 되길 희망한다.

대학원 박사과정의 이광원 선생은 수업에서 진지한 질문과 토론으로 뿐만 아니라, 교정작업에서의 도움으로 투박한 원고의 약점을 보완해 주는 노력까지 보태주었다. 본 도서의 출간을 위해 도움을 주신 전남대학교와 연구진흥과 이영미 선생, 출판부 박방배 선생 및 직원들에게 고마움을 표한다.

결혼 후 유학시절부터 줄곧 옆에서 공부하는 것을 지원해주고, 가사일과 아이들의 교육을 책임지고, 늦은 귀가에도 인내하며 배우자의 모자람을 감당하고 채워준 아내 진희와 "아빠랑 놀고 싶은" 소망도 계속 뒤로 미룬 채 실망을 안겨주었던 예문과 예진에게, 조금이나마 위로가 될 수 있도록 여기에 고마운 마음을 남긴다.

2009년 2월 2일 연구실에서

정문식

CONTENTS

목차

CHAPTER 2 독일 기본권의 개념과 의미 ___ 26

CHAPTER 3 기본권의 이중적 차원 ___ 50

참고 사항

* 여기에서 주로 참조한 주요 도서에 대한 표시는 정확하게 하지 않았음을 밝힌다. 대신 그 도서들은 다음과 같다.

Alexy, Robert, Theorie der Grundrechte, 1994.

Dreier, Horst(Hrsg.), Gundgesetz Kommentar, Bd.I, 2.Aufl., 2004.

Hesse, Konrad, Grundzüge des Verfassungsrechts der Bundesrepublik Deutschland, 20.Aufl., 1999.

v.Mangoldt, Hermann/Klein, Friedrich/Starck, Christian(Hrsg.), Kommentar zum Grundgesetz, Bd.1, 5.Aufl., 2005.

Merten, Detlef/Papier, Jürgen(Hrsg.), Handbuch der Grundrechte der Deutschland und Europa, Bd.II, 2006.

Pieroth, Bodo/Schlink, Bernhard, Grundrechte Staatsrecht II, 23.Aufl., 2006.

Sachs, Michael(Hrsg.), Grundgesetz Kommentar, 4.Aufl., 2007.

Stern, Klaus, Das Staatsrecht der Bundesrepublik Deutschland, Bd.III/1, 1988.

Stern, Klaus, Das Staatsrecht der Bundesrepublik Deutschland, Bd.III/2, 1994.

제1장 독일 기본권의 역사와 발전

CHAPTER 1

Ⅰ. 이념적 기원과 발전

1. 고대 그리스 스토아학파

기본권은 정치질서나 국가질서와 관련된 것으로, 개인의 자유와 정치질서간의 관계에 대한 결과로서 나타난다. 따라서 서로 간에 평등하고 자유로운 개인이 국가에 대하여 가지는 주관적 청구권으로서 기본권은 근대(특히 미국의 독립과 프랑스 대혁명)의 산물이며, 자유주의 헌법국가의 핵심적 요소다. 기본권의 이념적 기원을 정확하게 설명한다는 것은 어렵지만, 일반적으로 고대 그리스시대까지 거슬러 올라간다.1)

물론 고대 그리스에서는 노예제가 인정되었고, 모든 인간이 평등하고 자유롭다는 사상도 존재하지 않았다. 국가에 대하여 개인이 주

1) Sachs, GG, 4. vor Art.1, Rn.1.

관적 권리를 갖는다는 것도 생소했다. 하지만 스토아(Stoa)학파의 자연법사상에 내포된 모든 인간의 평등 내지 자유를 강조한 측면이나, 세계에 내재하는 보편적 이성(logos)에 모든 인간도 참여한다는 생각 등은 오늘날 인간의 평등과 자유·보편성 같은 성격과 잘 어울리는 것으로서, 인권 이념에 중대한 출발점을 이룬다고 할 수 있다. 다만 '태어나면서부터 노예인 사람은 없다'는 구체적인 주장들은 정치적 지침 등에 불과했지, 국가에 대한 실제적인 요구로서 체계화되거나 실현되지는 않았다.

2. 중세 기독교

인권사상의 기원으로서 기독교사상이 언급되기도 하지만, 반대로 기독교사상은 인권사상이 극복하기 위한 대상이기도 했다. 예컨대 인간은 하나님의 형상(imago-Dei)을 닮았다는 인간존엄의 사상이 중세 교부들이나 신학자들에게서는 실현되지 않았는데, 영의 세계와 정치질서는 서로 다른 것으로 이해되었기 때문이다. 모든 성도들이 하나님 앞에 제사장이라는(만인제사장주의) 사상도 일반적인 인권이념의 시초로 보기는 어렵다. 자유는 그리스도 안에서 자유이며, 평등도 하나님 앞에서 평등을 의미했기 때문이다. 뿐만 아니라 노예제는 기독교에 의해서 여전히 인정되었다. 교황 피우스(Pius) 6세는 프랑스 인권선언이 교회의 이성과 계시에 맞지 않는다고 공식 선언했고, 이러한 반발은 19세기까지 지속되었다. 19세기 말이 돼서야 카톨릭 교회는 노예제가 인간의 형제애와 원칙적으로 맞지 않는다고 평가하고, 20세기 초 인권사상과 조화를 모색하게 되었다.

종교개혁의 효시로 인정되는 루터(M. Luther)의 경우에도 인간의 죄인으로서 상태를 인정하고, 국가를 하나님의 나라와 세속적인 나라로 구별하였기 때문에, 전제군주에 대한 저항도 세상에서 받아야 할 고난이나 순교정도로만 이해하고, 어거스틴(Augustine)의 영향으로 오히려 세상적인 고난도 영혼의 순결을 위해 필요한 것으로 이해하였다. 이 때문에 루터의 사상에는 종교의 자유를 위한 법적 자기주장과 권리를 위한 투쟁의 윤리도 있지만, 다른 한편 법의 무본질성과 무저항, 법적투쟁의 포기라는 교훈도 내재한다. 모든 사람의 자연적인 자유와 평등을 정치적으로 강조한 것은 노동과 직업의 소명윤리를 강조했던 칼뱅(J. Calvin)이다.

3. 계몽주의

인권사상의 확실한 기원은 역시 17세기부터 시작된 계몽주의 시대 자연법사상이다. 자연법사상은 i) 국가이전에 개인의 자연상태와 ii) 공동체(국가)구성에 있어서 계약을 전제로 한다. 예컨대 홉스(T. Hobbes)는 타인에 의한 침해와 외국의 침입이라는 위험하고 불안한 자연상태로부터 개인의 안전을 확보하려는 목적에서 개인 상호간 계약을 통해 국가(Leviathan)가 탄생한다고 보았다.

그러나 로크(J. Locke)에게 있어서 개인은 자유롭고 평등한 자연상태에서 이성의 법칙(자연법)을 따라 자신의 행동을 규율하며 노동에 따른 사적 소유(소유권)를 갖게 된다. 다만 자연상태에서는 개인들 사이에 발생하는 분쟁을 해결할 — 일반적으로 승인된 — 법이 없고, 법을 적용할 공평한 재판관이 없으며, 판결을 집행할 권력을 갖지 못했기 때문에, 타인에 의해서 개인의 자유를 위협받을 수 있는 불편과 불확실성에 처한다. 자연상태에서 위협받을 수 있는 개인의 재산(생명, 자유, 재산)을 보장하기 위하여 국가(정치사회)가 필요하다.

루소(J.J. Rousseau)는 자유롭게 태어난 인간이 자연법적인 자유와 권리 대신에, 사회계약을 통해 성립된 공화국 정치질서 속에서 시민적 자유와 소유권을 획득하는 것으로 보았다. 공화국가도 도덕적·집단적인 구성원들의 단체로 이해하여 국가의 민주주의적 성격을 강조했는데, 다만 이 때 공화국가에서 향유하는 자유가 로크식의 자유

국가에서 누리는 자유와 어떻게 다른 지는 불분명하다.

칸트(I. Kant)는 자유국가에서 하나의 권리만이 존재한다고 보았는데, 그것은 모든 사람의 평등한 자유에 대한 권리를 의미한다. 칸트는 자기입법(Selbstgesetzgebung)과 도덕적 자주성(sittliche Autonomie)의 개념을 근거로, 공적 정의(öffentliche Gerechtigkeit)가 확립된 법질서가 계약과정을 통해 국가로 성립되어 정당성을 갖는다고 보았다. 이 때문에 칸트는 주관적 권리로서 인권을 정당화하는 법치국가질서사상의 기초와 근거를 마련해준 것으로 평가된다.

Ⅱ. 명문상 기본권의 등장과 발전

1. 영국의 인권관련 문서들

기본권은 선험적으로 전제되거나 주어진 것이 아니라 역사적으로 정치적·사회적 노력을 통해서 획득하고 보장받은 것이다. 따라서 기본권은 개인적인 또는 집단적인 자유의 획득을 의미하기도 하지만, 반대로 인격의 침해나 자주적인 결정권의 위험상황이 있었음을 반영하기도 한다. 따라서 기본권을 "인간의 자유가 역사적으로 겪어온 위험상황에 대한 응답"으로 표현하기도 한다.

그 때문에 영국의 마그나카르타(Magna Carta: 1215), 권리청원(Petition of Right: 1628), 인신보호령(Habeas Corpus: 1679), 권리장전(Bill of Rights: 1689) 등을 기본권 내용이 명문화된 것으로 이해하기도 한다. 그러나 마그나카르타는 중세 봉건질서 속에서 고위성직자와 귀족(유산)계급의 특권보호에 관한 것이었고, 권리청원과 권리장전은 왕과 유산계급 대표인 의회간에 주권문제가 주된 핵심이었다. 물론 인신보호령은 자의적인 체포로부터 보호를 다룬 것으로, 어느 정도 미래지향적이고 일반화되는 경향에 있었다.

옐리네크(G. Jellinek)는 이러한 영국의 헌법적인 문서들과 이후에 나타나는 미국과 프랑스의 인권선언들 사이에는 중대한 차이가 있다고 보았다.[2] 영국의 인권관련 문서들은 계급적 헌법체제 내에서 자유의 보장에 관한 것이지, 일반적인 개인의 권리에 관한 것이 아니라는 점이다. 영국에서 보장된 인권은 왕과 유산계급간 계약을 통한 영국 특권층의 생득권(birthright) 강화와 개선이지, 버지니아 권리장전처럼 국가통치의 근거나 기초가 아니다. 영국의 의회는 전능하며 의회가 제정한 법률은 모두 동일한 가치를 가지지만, 미국의 기본권은 통상의 입법자보다 우위에 있음을 나타내고 있다.

2. 미국의 버지니아 권리장전

1776년 6월 12일의 버지니아 권리장전(Virginia Bill of Rights)은 프랑스의 인권선언과 함께 근대 기본권의 전형적인 모범과 확고한 기초로서 인정된다.[3] 권리장전의 기본권은 영국의 전통적인 생득권(birthright) 사상에 기초했지만, 특수한 계층이 아닌 모든 인간의 권리로서 인정되고 있으며, 특히 시민적 자유와 정치적 자유를 구분하지 않는다. 따라서 권리장전은 개인들의 자주적인 결정에 따른 정치공동체의 통합형식으로 이해되고, 기본권은 국가의 제한으로부터 보호되는 개인의 자유영역을 의미할 뿐만 아니라, 국가통치의 근거와 기초가 된다.[4]

---

2) 이에 대해서는 Jellinek, Die Erklärung der Menschen- und Bürgerrechte (1895), 4.Aufl., 1927, S.31ff(번역서로는 김효전 역, G.옐리네크/E.부뜨미, 인권선언논쟁, 1991, 65면 이하 참조).

3) Sachs, GG, vor Art.1, Rn.4.

4) 다만 기본권을 통치의 근거와 기초로 이해하게 되면, 국가에 대한 방어권이라는 사고는 설득력이 약화된다.

3. 프랑스의 '인간과 시민의 권리선언'

유럽대륙에서 기본권수용에 있어서 가장 의미있는 것으로 평가받는 것은 프랑스 혁명 당시 인권선언인 1789년 8월 26일의 "인간과 시민의 권리선언(Déclaration des Droits de l'Homme et du Citoyen)"이다. 여기서는 자유와 평등 뿐만 아니라 국민주권이나 권력분립같은 국가조직의 기본원칙도 규정되어 있다. 프랑스 인권선언을 초안한 라파예트(Laffayette: 1757-1834)와 제퍼슨(T. Jefferson)의 개인적인 친분 때문에 프랑스의 인권선언과 미국의 인권선언이 상호 영향을 미쳤다는 점에서는 논란의 여지가 없다.

그러나 미국의 권리장전이 직접적인 구속력이 있고 재판을 통해 실현할 수 있는 구체적인 권리목록인 반면, 프랑스의 인권선언은 모든 시대 모든 나라에 공통으로 인정될 수 있는, 영구적인 사회철학사상의 선언이라는 점에서 차이가 있다.[5] 이러한 사상을 근거로 구체적인 프랑스의 정치·사회질서를 형성하는 임무는 입법자에게 부여된 것으로 이해된다. 그 밖에도 프랑스의 인권선언은 기존의 국가내에서 왕정체제를 붕괴시키고 새로운 시민정치사회를 건설하는 상황 속에서 이념적 지표를 표현한 것이지만, 미국의 인권선언은 식민사회로부터 독립하는 새로운 국가형성의 정당성을 나타내며, 국가에 대한 개인의 구체적인 권리들을 표현한 것이라는 점에서 양자는 차이가 있다.

4. 독일의 기본권역사

1848년 3월 혁명이후 5월 18일 프랑크푸르트 성바울교회(Paulskirche)에서 독일국민회의(Nationalversammlung)가 소집되고 독일 연방의

5) 이 때문에 프랑스 인권선언을 "초헌법규범(Über-Verfassungsnorm)"이라고 표현하기도 한다. 예컨대 Wahl, Der Staat, 1979, S.327.

회를 대신하게 되었다. 국민회의는 그 동안 논의되었던 기본권 목록을 1848년 12월 27일 의결하고, 이를 파울스키르헤헌법(Paulskircheverfassung)[6] 제6장 "독일국민의 기본권(Die Grundrechte des deutschen Volkes)"에 포함시켜 1849년 3월 28일 공표하였다. 그러나 국민회의가 제안한 황제추대를 당시 프로이센 왕이었던 프리드리히 빌헬름 4세가 거절하자 국민회의는 해산되고 헌법은 시행되지 못하였다. 파울스키르헤헌법은 자유주의자들에 의해 주도된 것으로서 기본권의 내용도 미국과 프랑스 인권사상의 영향을 받아, 거주이전의 자유, 법앞의 평등, 귀족특권의 폐지, 공무담임권, 병역의무, 인신의 자유, 영장주의 등 자유주의적 서구헌법의 전통을 이어받았다. 이후 바이마르헌법과 현재 독일헌법(Grundgesetz)의 기본권조항들은 파울스키르헤헌법을 모범으로 삼았다.

19세기 독일의 기본권역사는 파울스키르헤헌법의 역사적 운명이 보여주는 것처럼 역동적인 발전을 이루지는 못했다. 물론 19세기 초 남독일의 주헌법들에 기본권조항은 있었으나 국가이전의 자연권보다는 국가내의 시민권(staatsbürgerliche Rechte)으로서 성격이 강하였다. 기본권은 법률을 통해서만 실현될 수 있으며, 기본권이 입법에 대하여 법적인 구속력은 없었다. 기본권의 효력도 제한적이어서, 예컨대 기본권에 반하는 법률은 무효가 아니며, 평등원칙도 단지 형식적인 법앞의 평등을 의미할 뿐 귀족들의 특권도 여전히 인정되었다. 이는 독일의 특수한 역사적 상황, 예컨대 연방으로 분열된 상황이라든지 입헌군주제(konstitutionelle Monarchie)의 영향 때문이었다. 따라서 독일 시민계급은 비록 정치적 자유는 쉽게 인정받지 못했지만, —왕들도 유산계급의 경제적 필요에는 적응해야할 필요가 있었기 때문에

---

6) 정식 명칭은 독일제국헌법(Verfassung des Deutschen Reiches)이며, 흔히 프랑크푸르트 (제국)헌법(Frankfurter Reichverfassung) 또는 파울스키르헤헌법이라고 부른다.

—경제적 자유(거주이전의 자유, 직업의 자유)는 인정받았다. 1871년 비스마르크헌법에도 기본권목록은 없으며, 단지 개별적으로 거주이전의 자유와 영업의 자유만 인정되었다. 입헌군주제의 영향이 강한 독일에서 기본권은 파울스키르헤헌법을 제외하면, 국가로부터의 자유가 아니라 국가 내에서의 자유 또는 국가에 의한 자유라고 할 수 있다.[7)]

1919년 8월 11일 바이마르공화국헌법(Weimarer Reichsverfassung) 제2편은 "독일인의 기본권과 기본의무(Grundrechte und Grundpflichten der Deutschen)"라는 제목하에 기본권 규정들을 두고있다. 물론 독일인의 기본권이라고 해서 외국인의 기본권이 완전히 배제된 것은 아니었다. 제1장과 제2장은 1848년 프랑크푸르트헌법에서 규정되었던 자유권적 기본권의 내용을 주로 담고 있으며, 제3장은 국교는 없지만 공법인으로서 교회와 국가의 관계를, 제4장은 교육과 학교, 제5장은 당시 사회적 수요를 반영하여 사회적 기본권과 경제적 기본권 등을 내용으로 하고 있다. 바이마르헌법의 기본권규정들을 단순히 프로그램규정으로만 이해하는 것은 정확하지 않다. 내용적으로 기본권은 유산계급의 당시 경제활동과 이익을 보장해주기 위하여 자유권적 기본권들을 포함하고, 다른 한편 유산계급의 활동으로 발생한 사회적 불평등을 완화하기 위한 사회적 기본권들도 담고 있다. 그러나 효력에 있어서는 차이가 있어, 전통적으로 완비된 이론덕분에 자유권은 어느 정도 효력이 강화되었는데, 새로 규정된 사회권들은 프로그램적 성격밖에는 갖지 못했다.[8)] 제도적으로는 크게 두 가지 요인 때문에 기본권의 법적인 의미가 약화되었다. 첫째는 헌법재판권의 부재다. 법률에 대한 위헌심사권한은 법관의 민주적 정당성 문제 때문에 논란이 있었고, 헌법상 규정에도 불구하고 실제로는 거의 행사되

7) Pieroth/Schlink, Grundrechte, Rn.27ff. 참조.

8) Pieroth/Schlink, Grundrechte, Rn.38 참조.

지 못하였다.[9] 둘째로 아직 헌법의 우위가 확립되지 않은 상태여서, 기본권은 입법자들의 법률개정에 따라 그 실현 여부가 결정되었다. 결국 1933년 국가사회주의(Nationalsozialismus)를 표방한 히틀러가 권력을 장악함으로서 독재가 시작되었고, 바이마르헌법은 사실상 효력을 상실하였다.

5. 근대인권사상의 확립

그 동안 역사적으로 소수 특정 계급의 특권이나 기득권을 보호하는 다양한 권리사상에서 출발한 인권사상은 점차 모든 개인에게 동일한 하나의 포괄적인 자유의 개념으로 수렴되었다. 다른 한편 개인주의적이고 보편적인 시각에서 바라본 근대의 인권사상은 법철학적·정치적 요구에서 점차 법적인 요구로 확대되었다. 홉스에서 시작된 사회계약사상은 로크, 루소, 칸트를 거치며 점차 자유주의적·민주적·법치국가적인 시각을 갖게 되었다. 이에 따라 개인은 국가 이전에 존재하는 것이며, 국가는 모든 개인의 평등한 자유를 바탕으로, 개인의 자유를 최대한 보장하고 발전시킬 때 정당화될 수 있다는 근대 인권사상이 확립되었다. 여기에 영국에서의 헌법적인 문서들은 인권의 실정법적인 효력에 중요한 계기를 마련했고, 미국과 프랑스의 인권선언들은 국가존립의 근거와 기초로서 모든 인간의 자유와 평등권 확립에 결정적인 진보를 확립하였다.

---

9) 물론 바이마르헌법 제13조에는 공화국재판소(Reichsgericht)가 주법이 연방헌법에 위반되는지 여부를 판단할 수 있도록 규정되었고, 제19조 및 제59조는 연방과 주간의 헌법분쟁 및 고위공무원에 대한 탄핵심판을 국사재판소(Staatsgericht)가 결정할 수 있도록 규정되었지만, 바이마르공화국의 정치적 혼란 속에서 헌법재판권은 거의 행사되지는 않았다. 또한 공화국재판소와 국사재판소간에 어떤 재판소가 헌법의 수호자인지, 헌법재판소와 대통령간에 누가 헌법의 수호자인지에 대한 논의가 발발하였고, 당시 다수 공법학자들은 단일한 연방헌법재판소를 만들 것을 주장하였다.

Ⅲ. 현행 독일헌법(Grundgesetz)에서 기본권규정

1. 헌법제정

제2차 세계대전에서의 패배이후, 연합국 점령군측이 독일의 장래에 대하여 합의한 제1 프랑크푸르트문서(Dokument I der Frankfurter Dokumente)는 독일헌법에 국가조직조항만 규정하고자 하였으나, 제헌문제에 관한 전문가회의였던 헤른킴제헌법회의(Herrenchiemsee Verfassungskonvent)나 1948년 9월 1일 연합국점령지역의 각 주 대표들로 구성된 제헌위원회(Parlamentarischer Rat)에서는 기본권의 법적 성격을 인정하여, 기본권을 단순한 선언이나 주헌법에 대한 지침정도가 아니라 직접적 효력을 갖는 연방법규범으로서 인정하고, 독일인이면 누구나 재판을 통해 보장받을 수 있는 구체적인 권리로서 인정하였다.

제정과정에선 영국, 미국, 프랑스의 인권선언 전통과 독일기본권사의 특수성, 파울스키르헤헌법이나 바이마르헌법의 기본권조항들과 당시 1948년 국제인권선언 등도 고려되었으나, 바이마르헌법사의 부정적 영향 때문에 사회적 기본권들은 배제되고 주로 전통적인 자유권을 중심으로 규정되었다.[10] 제헌의회는 입법자를 포함한 국가권력에 대한 기본권의 직접적 효력이나, 기본권마다 상이한 제한구조에 대해서는 합의하였는데, 이민의 자유, 헌법소원제도, 저항권 등은 논의과정 중에 삭제되었다. 나찌시대에 대한 반감으로 집총거부(제4조

10) 그렇다고 사회적 기본권에 담겨있는 기본적인 인간존중과 사회적 평등의 이념까지 부정된 것은 아니다. 다 채울 수 없는 괜한 희망을 국민들에게 불러일으키지 않고, 제2차 세계 대전 이후 막 탄생한 독일정부에 예측할 수 없는 부담을 지우지 않으며, 앞으로 기본권의 발전이 어떻게 전개될지 확실하지 않았다는 당시 상황적 이유 때문에 그렇다. Rüfner, Leistungsrechte, in: HGR Ⅱ, §40, Rn.2 참조.

제3항), 독일국적상실로부터 보호, 망명권(이상 제16조) 등이 포함되었다. 기본권조항들은 바이마르헌법과 달리 헌법 모두에 제1조부터 배치되어 1949년 5월 23일 공포되었다.

2. 헌법개정

독일헌법은 1951년 위헌적인 폭력행위에 대한 형사처벌(제143조)의 삭제를 통한 첫 번째 헌법개정 이후 2006년 8월 28일 대대적인 연방주의개혁(Föderalsimusreform)까지 52차에 걸친 상당히 빈번한 헌법개정이 있었으나, 기본권규정의 개정은 상대적으로 많지 않다. 1956년 병역복무관련 규정, 1968년 비상사태와 관련된 기본권제한, 1993년 망명권에 대한 제한, 1994년 평등권조항의 강화, 1998년 주거의 자유에 대한 제한, 2000년 11월 독일인의 인도금지 허용과 12월 여성의 집총인정 등 총 7회뿐이다.

기본권조항이 개정된 이유는 병역문제와 국가방위, 수사상 감청의 필요 때문에 기본권이 제한되었다. 특히 기본권조항 개정에는 유럽법의 영향이 큰데, 여성에 대한 평등관련 유럽재판소 판례와 유럽연합내 경찰사법협력(PJZS)에 의한 형사상 협력 때문에 평등권은 강화되고, 망명권, 독일인 인도금지 등은 제한되었다.

다른 한편 시대적 변화에 대하여 상대적으로 기본권 개정 횟수가 적은 이유는, 독일연방헌법재판소(Bundesverfassungsgericht)가 헌법해석을 통해 기본권의 내용을 시대에 맞게 확장 내지 변화시켰고, 입법자들이 이에 관하여 구체적인 법률제정 등으로 대응하였기 때문이다.

Ⅳ. 우리나라에서 의미와 실제

우리나라에서 기본권의 이념이나 역사에 대한 연구부족은 유감스러운 일이며, 책임을 통감하고, 앞으로 연구자들이 함께 발전시켜 나가야 할 부분이다.

우리나라 기본권조항의 구성은 독일에 비하여 훨씬 다양한 내용을 담고 있으며, 사회적 발전에 유연하게 대처할 수 있도록 체계화되어 있다.[11] 현행헌법의 기본권조항들은 헌법재판소의 지난 20년간 판례발전과 더불어 더 구체적이고 풍부한 내용들로 채워졌고, 새로운 내용들로 채워지고 있으며 앞으로도 계속해서 새롭게 형성해 갈 것이다. 최근에 제기되고 있는 헌법개정의 필요성은, 상대적으로 기본권조항보다 정부조직과 구성에 있다. 헌법개정은 기존 헌법질서로는 새롭게 직면한 사회공동체 문제를 해결하기 어려울 때 시도되는 최후의 수단이다. 생명권이나[12] 개인정보 자기결정권[13] 등 헌법상

---

11) 이에 대해서는 양건 등, 새로운 헌법 필요한가, 2008, 299-301면 참조.

12) "인간의 생명은 고귀하고, 이 세상에서 무엇과도 바꿀 수 없는 존엄한 인간존재의 근원이다. 이러한 생명에 대한 권리는 비록 헌법에 명문의 규정이 없다 하더라도 인간의 생존본능과 존재목적에 바탕을 둔 선험적이고 자연법적인 권리로서 헌법에 규정된 모든 기본권의 전제로서 기능하는 기본권 중의 기본권이라 할 것이다." 헌재 1996.11.28, 95헌바1, 8-2, 537(545).

13) "개인정보자기결정권의 헌법상 근거로는 헌법 제17조의 사생활의 비밀과 자유, 헌법 제10조 제1문의 인간의 존엄과 가치 및 행복추구권에 근거를 둔 일반적 인격권 또는 위 조문들과 동시에 우리 헌법의 자유민주적 기본질서 규정 또는 국민주권원리와 민주주의원리 등을 고려할 수 있으나, 개인정보자기결정권으로 보호하려는 내용을 위 각 기본권들 및 헌법원리들 중 일부에 완전히 포섭시키는 것은 불가능하다고 할 것이므로, 그 헌법적 근거를 굳이 어느 한 두개에 국한시키는 것은 바람직하지 않은 것으로 보이고, 오히려 개인정보자기결정권은 이들을 이념적 기초로 하는 독자적 기본권으로서 헌법에 명시되지 아니한 기본권이라고 보아야 할 것이다.

명시적인 기본권조항이 없음에도 헌법해석을 통해 구체적인 기본권이나 새로운 기본권내용을 정립해가고 있는 현재 상황에서는 특별히 개정해야 할 필요성이 절박한 기본권조항이나[14] 내용은 적은 것으로 보인다.

14) 생명권과 환경권조항에 관련된 헌법개정문제에 대한 논의는 양건 등, 새로운 헌법 필요한가, 2008, 293-313면 참조.

CHAPTER 2

제2장 독일 기본권의 개념과 의미

기본권을 명확하게 단적으로 설명하는 것은 상당히 어려운 일이다. 특히 독일헌법상 사회적 기본권은 인정되지 않기 때문에 우리 헌법상 기본권에 대한 이해와도 다르다. 여기서는 독일헌법상 기본권 개념요소에 대한 설명을 통해서 기본권의 개념을 도출하고자 한다.

Ⅰ. 기본권과 구별되는 개념들

1. 기본권과 기본권조항

먼저 기본권(Grundrecht)과 기본권조항(Grundrechtsbestimmung, -vorschrift, -norm)을 구별할 수 있다. 기본권조항은 기본권에 관한 내용을 담고 객관적으로 존재하는 헌법규범이며, 기본권은 기본권조항으로부터 해석 등을 통하여 도출되는 주관적 권리(의 내용)라고 본다. 독일헌법상 기본권조항이라고 해도 모든 기본권조항이 개별적인 기본권의 내용을 담고 있는 것은 아니다. 예컨대 독일헌법 제7조 제1항(국가의 학교감독), 제13조 제6항(도청 등 주거자유 제한조치에 관한 정부의 보고의무와 연방의회의 통제의무) 등은 국가조직상 권한에 관한 규정들이다. 제1조 제3항(기본권의 직접적 구속력), 제12a조(병역 · 대체복무의무), 제15조(사회화), 제17a조(복무시 기본권제한), 제18조(기본권의 失效), 제19조 제1항 내지 제3항(기본권의 제한) 등은 구체적인 개별 기본권의 내용을 담고 있지 않고, 기본권과 '관련된' 내용을 담고 있다. 엄격한 의미에서 이 조항들은 기본권조항이라 할 수 없지만, 기본권의 효력이나 제한과 관련된 내용을 담고 있으므로 넓은 의미에서 인정할 수 있다. 이밖에 기본권조항과 기본권은 몇 가지 측면에서 구별될 수 있다.[1)]

첫째, 기본권조항의 외형적인 규정형식과 기본권의 내용상 성격은 반드시 동일하지 않다. 예컨대 독일헌법 제6조 제1항은 객관적인 법규범의 외형("혼인과 가족은 국가질서의 특별한 보호를 받는다")을 가지고 있으나 가족과 혼인에 관한 주관적 기본권의 내용을 갖는다. 둘째, 기본권조항이라도 기능적으로는 다른 성격의 기본권 내용을 가질 수 있다. 예컨대 혼인과 가족에 관한 기본권은 소극적으로 국가로부터 보호되어야 할 권리(Schutzrecht)를 포함할 수도 있고, 적극적으로 혼인과 가족구성활동을 할 수 있는 권리(Handlungsrecht)를 의미할 수도 있다. 셋째, 기본권조항이라고 반드시 주관적 기본권의 내용만을 포함하는 것이 아니라, 제도보장과 같은 객관적인 법내용을 포함할 수도 있다. 예컨대 제6조 제1항은 혼인과 가족에 관한 주관적 권리 뿐만 아니라 혼인제도나 가족제도 같은 제도보장(Einrichtungsgarantie)을 포함하고 있다.[2)]

---

1) Merten, Begriff und Abgrenzung der Grundrechte, in: HGR II, §35, Rn.57.

2) Merten, Begriff und Abgrenzung der Grundrechte, in: HGR II, §35,

기본권조항과 기본권을 엄격히 구분하지 않고 (혼동하여) 사용하는 것은 특별히 큰 문제를 야기하는 것은 아니다. 그러나 객관적인 기본권조항의 위반과 주관적인 기본권의 침해를 동일하게 보는 것이 문제가 될 수 있다. 예컨대 기본권의 객관적 차원을 연방헌법재판소가 다루는 방식이 그렇다. 다수견해처럼 직접적인 기본권의 제3자효를 인정하지 않는다면, 기본권의 "내용"만 일반조항을 통해서 私法에 영향을 미치게 된다. 법원이 기본권의 내용을 간과하거나 오해한 것은 (기본권조항 위반이 아니라) 민법규정을 잘못 적용한 (법률해석의) 문제다. 사인간 민사분쟁에 있어서 처음부터 기본권이 개입되거나 주장되는 것이 아니기 때문에, 법원의 잘못된 민사규정 적용은 기본권을 침해하는 것이 아니다. 잘못된 민사규정해석을 전부 기본권침해로 인정한다면 모든 법원의 (민사규정에 대한 해석과) 재판은 헌법재판소의 판단을 받아야 한다. 하지만 구체적 법률분쟁에 있어서 법규범의 해석과 적용은 판사(또는 법원)의 권한이다. 연방헌법재판소는 "판사가 충돌하는 기본권영역의 형량을 인식하지 못했거나", 일방당사자의 기본권에 관하여 "기본적으로 부정확한(grundsätzlich unrichtigen)" 시각에 근거하여 판단한 경우만을 기본권 침해로 확인하고 있다.[3] 그러나 이러한 연방헌법제판소의 태도는 실체적인 기본권내용의 위반과 절차적인 헌법소원의 권한을 혼동한 것이라는 비판이 있다.[4]

2. 기본권과 유사기본권

독일헌법은 前文(Präambel)과 13개의 장으로 구성되어 있는데, 제1조부터 제19조까지 첫 번째 장의 제목이 기본권(Grundrechte)이다.

Rn.58f.

3) BVerfGE 30, 173(197).

4) Merten, Begriff und Abgrenzung der Grundrechte, in: HGR II, §35, Rn.60.

헌법 제93조 제1항 제4a호가 "공권력이 자신의 기본권 또는 제20조 제4항, 제33조, 제38조, 제101조, 제104조에 포함된 권리를 침해하였다고 주장하면서" 제소하는 헌법소원에 대하여 규정하고 있는데, 이 때 기본권은 제1조부터 제19조의 기본권을 의미하는 형식적 개념이다. 그 밖에 언급된 제20조 제4항을 비롯한 조항들의 권리는 현행 독일헌법 이전의 헌법상 기본권목록에 채택되었던 것들로서, 실체적 내용상 기본권으로 보는 것들이다. 이를 유사기본권(grundrechtsgleiche Rechte)이라 한다.

유사기본권을 담고 있는 조항들도 기본권조항들로서 실질적으로 기본권 내용을 담고 있다. 물론 예컨대 제33조 제1항 내지 제3항은 기본권으로 보는데 이론이 없지만, 제33조 제4항의 공무수행에 부여되는 전통적인 권한행사는 기본권이 아니다. 다른 한편 학계의 다수견해와[5] 연방헌법재판소는 제33조 제5항의 직업공무원제와 관련된 권리들은 헌법소원을 통해 실현할 수 있는 주관적 기본권으로 보았다.[6] 제38조 제1항 제1문(의원선거)은 선거권에 관한 기본권의 근거가 되지만, 제2문(자유위임원칙)은 의원의 국가기관으로서의 지위에 관한 권한이지 기본권은 아니다.

기본권은 제1장에 있고, 유사기본권은 그 뒤에 규정되어 있다고 해서 기본권과 유사기본권간에 우선순위가 있다거나 보호효과에 있어서 차이가 있는 것은 아니다. 기본권목록에 포함된 기본권과 기본권목록에 포함되지 않은 유사기본권이라는 형식적 차이 외에, 양자를 구별할 실익은 적기 때문에 모두 기본권조항 또는 기본권으로 인정하는 것이 타당하다.[7]

---

5) 대표적으로 Battis, in: Sachs, GG, Art.33, Rn.65 및 Fn.228.

6) BVerfGE 12, 81(87); 43, 154(167); 53, 257(307); 80, 297(308). 이에 대해 비판적인 입장으로는 대표적으로 Masing, in: Dreier, GG, Bd.II 2. Aufl. 2006, Art.33, Rn.71f.

7) Merten, Begriff und Abgrenzung der Grundrechte, in: HGR II, §35, Rn.

3. 기본권의 개념요소

(1) 국가의 실정법적 성격(Staatliche Positivität)

주관적 의미의 기본권 자체는 법규범이 아니지만, 국가의 객관적 실정법규범에 근거를 둔다. 이는 고전적인 인권(Menschenrechte)과 구분이 되는 점이다. 자연법사상에 기반을 둔 인권은, 인간의 본성에 근거하기 때문에 국가의 법규범의 제정여부와 관계 없이 모든 인간에게 인정되며, 태어날 때부터 소유하고 타인에게 이전할 수 없는 권리로 인식된다. 이러한 前國家性(Vorstaatlichkeit)은 기본권이 국가의 자의적인 처분대상이 될 수 없음을 의미한다. 따라서 국가는 개인의 기본권, 즉 자유와 평등을 함부로 침해할 수 없고, 오히려 기본권을 보장할 때만 정당화될 수 있다.

다른 한편, 19세기초 유럽은 나폴레옹 지배 이후 민족국가형성시기를 거치면서, 예컨대 벨기에, 리히텐슈타인 뿐만 아니라 인권선언의 발생지라 할 수 있는 프랑스조차도 헌법상 보장되는 권리를 자신의 국민들에게만 인정했다. 독일에서도 민족주의 등과 맞물린 연방형성과정에서 프랑스적인 자유와 인권개념이 부정되고, 각 州는 독립국가로서 주권을 회복하며, 자신의 백성(Untertan)들에게 인정되는 일반적 · 정치적 권리를 인정하게 되었다. 그 후 1848년 프랑크푸르트 국민회의(Frankfurter Nationalversammlung)에서 인권개념과 개별주의 주민들의 권리 개념을 형식적으로 타협시킨 기본권개념을 사용하게 되었다.[8] 즉, 개인의 기본권은 실제에 있어서는 국가의 구성원으로서 지위에서, 국가에 의해서 보장될 수 있었다. 이 때문에 기본권은 국가 없이도 보장되는 것이 아니라 국가에 의해서 보장되는 것

80.

8) Merten, Begriff und Abgrenzung der Grundrechte, in: HGR II, §35, Rn.17ff.

이며, 다만 기본권의 전국가적 성격 때문에 개인이 기본권행사를 위하여 국가에게 정당성을 주장하는 것이 아니라, 국가가 개인의 기본권을 제한할 때 반드시 정당성(Rechtfertigung)을 갖추도록 요구하게 되었다.[9)]

독일헌법 제1조 제2항은 인권이 인류공동체의 기초임을 인정하고, 다음 조항에서 구체적으로 직접 효력을 갖는 기본권들을 열거함으로써 자연법사상과 법실증주의를 혼합하였다.[10)] 이를 통해 자연법사상은 실정법적 헌법규범으로 나타났고, 인권의 일부가 국가법질서를 통해 실현될 수 있게 되었다.

국가법으로서 기본권은 국제법상 인권과도 구분된다. 기본권은 국내에서 직접 실현할 수 있지만, 국제연합의 세계인권선언이나 경제적, 사회적 및 문화적 권리에 관한 국제규약(소위 A규약), 시민적 및 정치적 권리에 관한 국제규약(소위 B규약), 유럽인권협약 등 국제법상 인권은 가입 등의 기속적 동의표시와 국내의 변환 내지 수용절차를 거친 후에 실현될 수 있다.

(2) 헌법적 성격(Konstitutionalität)

a. 헌법규범으로서 기본권규정

현대국가에 있어서 기본권의 개념은 헌법개념과 밀접한 관련을 맺는데, 기본권조항은 헌법조항으로서 국가조직과 구성에 관한 헌법규정들과 함께 조화를 이룸으로써 한 국가의 완전한 헌법을 구성하게 된다.[11)] 국가 내 지배(또는 통치)질서는 개인의 자유에 영향을 미치고, 국가의 공권력행사는 개인의 자유를 얼마나 보장하는가에 따

9) Dreier, GG, Bd.I, Vorb. Rn.70; Pieroth/Schlink, Grundrechte, Rn.43ff.

10) 독일헌법상 기본권의 실정법적 성격에 대한 전반적이고 자세한 논의는 Isensee, Positivität und Überpositivität der Grundrechte, in: HGR II, §26 참조.

11) Schmitt, Verfassungsrechtliche Aufsätze, S.190.

라 그 정당성이 인정될 수 있기 때문이다. 기본권의 인정여부는 헌법의 인정여부와 밀접한 관련을 맺는데, 이는 명시적인 기본권조항이 없더라도 판례를 통해 기본권보장이 인정된 유럽공동체조약의 헌법적 성격에 관한 논의와 명시적인 유럽기본권헌장을 통한 유럽연합조약의 헌법화에서도 이를 확인할 수 있다.[12]

헌법규범으로서 기본권 또는 기본권조항이 갖는 의미는, 기본권의 기능이 과거 주로 군주(오늘날 행정부)의 권한을 제한하는 것에서 현대 민주주의 국가에선 국민다수의 대표인 의회까지 제한하는 것으로 확장되었다는 것이다. 과거 군주(행정부)는 개인의 기본권을 제한하고, 의회는 국민의 자유를 보장하는 대립관계를 이루는 것으로 이해되었다. 그러나 의회는 국민의 대표로서 법률제정을 통해 다수의 이익을 추구하지만, 반대로 개인의 자유를 제한할 수도 있음을 인식하게 되었다. 실제로 독일의 경우 바이마르공화국과 히틀러 지배하의 국가사회주의(나치) 체제하에서의 역사적 경험이 그러하다.[13] 개인의 자유를 보장하는 기본권은 행정과 사법의 한계뿐만 아니라 입법권의 한계로 설정될 필요성이 있으며, 이는 기본권을 헌법규범으로 인정할 때 가능하다. 여기에는 효력상 헌법이 법률보다 우위에 있음이 전제되어 있으며, 이를 통해 법률에 대한 헌법재판권(위헌심사제도)의 정당성도 인정될 수 있다.[14]

---

12) Pernice, Europäisches und natioanles Verfassungsrecht, VVDStRL 60 (2001), S.160ff.; Calliess, Die Europäische Grundrechts-Charta, in: Ehlers, EuGR, 2.Aufl. 2005, §20, Rn.3.

13) Merten, Begriff und Abgrenzung der Grundrechte, in: HGR II, §35, Rn.65. 현행 독일헌법 제정 당시 기본권목록의 삽입여부에 관한 문제에 대하여 간략하게는 Dreier, Grundlagen und Grundzüge staatlichen Verfassungsrechts, in: v.Bogdandy/Villalón/Huber, IPE I, 2007, §1, Rn.6ff.

14) Merten, Begriff und Abgrenzung der Grundrechte, in: HGR II, §35, Rn.65ff. 물론 이렇게 본다면 국민의 대표인 의회의 민주적 정당성은 헌법적으로 제한을 받게 되며, 이 때 국민은 더 이상 국가권력의 본래적(originärer)

b. 기본권목록의 의미

독일헌법 제142조는 주헌법 조항들이 독일헌법 "제1조 내지 제18조의 기본권과 일치하여(im Übereinstimmung mit) 기본권을 보장"할 때 효력이 있다고 규정했다. 이 때 일치한다는 의미는 조문형식상 같다거나 내용상 완전히 일치하는 것이 아니라, 독일헌법의 기본권 조항과 모순되지 않는다는 의미에 그친다. 따라서 주헌법상 기본권 보장 범위가 연방헌법상 보장범위보다 다소 넓을 수도 있고, 다소 좁을 수도 있다.[15] 주헌법상 기본권보장 범위가 연방헌법보다 좁다고 하더라도, 연방법률을 통해서 주의 공권력을 제한할 수 있다.[16] 하지만 주헌법이 보장해야 할 연방헌법상 기본권은 독일헌법 제1조 내지 제18조의 기본권목록만 의미하는 것이 아니다. 이는 열거적인 것이 아니라 예시적인 규정이다.[17] 주헌법조항이 효력을 갖기 위해서는, 헌법소원을 통해서 주장할 수 있는 모든 기본권과 유사기본권까지 포함된 내용을 보장해야 한다.[18]

기본권의 구속력을 규정하고 있는 헌법 제1조 제3항의 "이하(nachfolgende) 기본권"은 제1장 제2조 내지 제19조의 기본권 목록만을 의미하는 것이 아니라, 제2장 이하의 기본권조항들도 모두 포함하는 것으로 보아야 한다.[19] 그 밖에도 성질상 국내법인(inländische

---

소유자가 아니라 헌법이 위임한 범위 내에서 국가권력의 파생적(derivativer) 소유자에 불과하게 된다. Merten, Begriff und Abgrenzung der Grundrechte, in: HGR II, §35, Rn.70.

15) BVerfGE 96, 345(365). 물론 이 때 연방헌법보다 다소 좁은 기본권을 보장한다는 것은, 연방헌법이 인정하는 기본권의 최소한 보장(Mindestgarantie)을 의미한다.

16) Pieroth/Schlink, Rn.49.

17) Merten, Begriff und Abgrenzung der Grundrechte, in: HGR II, §35, Rn.71.

18) BVerfGE 96, 345(364).

19) Merten, Begriff und Abgrenzung der Grundrechte, in: HGR II, §35,

juristische Personen)에게 인정될 수 있는 기본권은 기본권목록상 기본권에 한정되는 것이 아니라, 예컨대 제101조 제1항 제2문의 법률로 정해진 법관에 의해 재판받을 권리, 제103조 제1항의 법정에서 진술할 권리 같은 司法上(justizielle) 절차적 기본권도 포함되어야 한다. 특히 실체적 내용은 헌법 제2조 제2항 제2문에서, 형식적 내용은 헌법 제104조에서 보장하고 있는 인신의 자유(Freiheit der Person) 또는 인신보호(habeas corpus)는 근대 기본권 발전에 있어서 핵심적인, 소위 원시기본권(Ur-Grundrecht)이라[20] 할 수 있는 것으로서, 연방헌법 뿐만 아니라 주헌법에서도 당연히 보장되어야 하는 것이다.

결국 독일헌법의 기본권 목록에 있는 기본권과 그 밖에 기본권은 그 보호정도나 성격 측면에서 크게 구별되지 않는다.

(3) 규범적 성격

a. 선언적 성격의 부정

2차 대전 이후 독일헌법 제정자들은, 예컨대 제헌위원회(Parlamentarischer Rat) 뿐만 아니라 헤른킴제(Herrenchiemsee) 초안에서도 볼 수 있듯이, 기본권이 선언적 의미 또는 프로그램적 성격 또는 기속력이 없는 지침적 성격을 갖는 것을 거부하여, 노동권이나 사회적보장권 같은 사회권은 헌법상 기본권으로 수용하지 않았다. 전반적으로 독일헌법에서는 정치적·윤리적·사회적 의무나 요청 등과 같은 헌법적 수사들은 피하고 있다. 이는 주로 프로그램적 성격을 가졌던 바이마르 공화국 기본권규정들과는 반대되는 입장이다. 따라서 전후 독일헌법상 기본권규정은 입법·행정·사법에 대하여 "직접 효력을 갖는" 규범임을 기본으로 한다.

기본권은 직접적 효력을 갖는 "규범"이지만, 다른 한편 기본권조항

Rn.74.

20) Kriele, Einführung in die Staatslehre, 6.Aufl., 2003, S.112ff.

의 간결한, 포괄적인 또는 추상적인 표현, 일반규정(Generalklauseln)적 성격 때문에, 기본권의 상세한 내용은 구체적인 입법을 통해 보충되거나 때로는 해석을 통해 확인된다. 이 때문에 기본권은 "프로그램적" 규범성(programatische Normativität)을 갖는다고 할 수 있다.[21] 그러나 기본권이 프로그램적 규범성을 갖더라도, 기본권의 내용과 변경가능성에 따라 구별할 필요가 있다. 예컨대 자유권은 사회권보다 내용에 있어서 변경가능성이 적다. 신체의 자유에 관한 영장제도는 400년 전이나 지금이나 별 차이가 없지만, 주당 최소근무시간이나 유급휴가제 같은 사회권적 성격의 기본권은 경제적 상황에 따라 구체적인 내용의 변동가능성은 높다. 또 사회권 같은 변화가능성이 높은 기본권을 헌법조항으로 둔다면, 하위의 법률은 매년 개정필요성이 발생할 수 있다. 물론 기본권조항을 상세하게 규정할 수도 있지만, 그렇게 되면 헌법은 (본문만 200쪽에 달하고 부속 의정서나 설명서까지 포함하면 480쪽에 이르는 유럽헌법조약이 보여주는 바와 같이) 상당히 길어지고 기술적인 법규범이 된다. 다른 한편 정치적 망명권처럼 기본권으로 둘 것인지, 아니면 일반적인 기본법률로 규정할 것인지 정책적 판단에 의존하는 헌법정책 문제들도 있다.

b. 기속력 있는 헌법으로서 기본권규정

규범성이란 당위규범으로서 법규범의 내용과 관련된 개념이다. 규범적(normativ)이라는 것은, 권위적이고 구속력을 가진 법규범이 일반적으로 국가에 의해서 강제되고 집행되는 것을 의미한다. 기본권규정은 헌법상 지위에서, 국가와 개인(또는 개인과 개인)의 관계에서 일방에게 권리 혹은 의무를 부과하는 규범력이 있다.

물론 규범력은 특정 규범이 구체적인 조문으로 명문화되었다고

21) Merten, Begriff und Abgrenzung der Grundrechte, in: HGR II, §35, Rn.88.

생기는 것은 아니다. 실정화된 조항들 중에도 단순히 선언적 의미만 갖거나, 프로그램적 성격을 갖는 규정도 있다. 그러나 독일헌법상 기본권조항은 국가에 대하여 청구권을 부여하고, 이를 법원에서 실현할 수 있는, 법적으로 효력이 있는 권리를 보장하고 있다. 헌법 제1조 제3항이 국가에 대한 구속력을 규정한다고 기본권의 규범력이 발생하는 것은 아니다. 오히려 기본권조항이 충분히 "명확하고, 구체적인" 법내용을 가질 때 "직접 효력을 갖는 권리"로서 구속력을 갖게 될 수 있다. 물론 헌법 제1조 제3항은 제79조 제3항을 통해 헌법개정의 한계로서, 기본권조항이 단순한 프로그램규정으로 변질되어 규범력을 상실하는 것을 방지하는 중요한 기능을 담당한다.

(4) 직접적 성격

a. 직접적인 의무부과 효과

기본권조항이 규범성을 가졌다고 직접 적용할 수 있는 것은 아니다. 기본권은 직접 입법자에게 형성의무를 부여하는 경우가 있다. 대표적인 것이 절차적 기본권이다. 예컨대 구체적인 법률을 통해서 사법상 권리구제절차나 법원제도가 마련되어야 절차적 기본권이 실현된다. 이 때 기본권형성의무는 입법자가 자의로 해도 되고 안해도 되는 것이 아니다. 입법의무를 해태한 경우, 잠재적으로 명령하던 기본권은 직접 입법부를 강제하는 효력을 발휘하게 된다. 이 때문에 독일헌법은 가능한 집행법률이 필요 없는 고전적인 기본권조항을 중심으로 규정되어 있는 것이 특징이다.

b. 헌법상 지침과의 구별

기본권조항은 일정한 국가사무나 국가활동을 요구하는 국가목적조항(Staatzielbestimmung)이나 일정한 제도의 존속과 발전을 통해서 기본권내용을 실현하는 제도보장(Einrichtungsgarantie)처럼, 구체화나 집행을 요하는 헌법지침(Verfassungsdirekiven)들과 구분될 수 있다. 이러한 헌법지침들은 몇 가지 점에서 특징을 갖는다. 첫째 헌법지침의 구체화는 헌법질서가 유지되는 내에서, 특히 기본권이 보장되는 상태에서 이루어져야 한다.[22] 둘째 헌법지침의 추상적이고 불명확한 내용 때문에, 헌법지침을 기본권에 대한 헌법 직접적 제한으로 이해하는 것은 적합하지 않다.[23] 뿐만 아니라 국가목적조항과 기본권의 차이를 부정하고 기본권과 국가목적조항을 형량하려는 견해는 원칙들간의 충돌만 야기하여 기본권보호를 예측할 수 없고, 위험하게 만든다.[24] 따라서 입법자는 국가목적을 구체화하는 과정에서 기본권을 제한할 때에는 국가목적조항과 무관하게 다른 근거를 제시해야 한다.[25] 셋째 연방국가로서 입법권한이 구분되어 있는 독일에서 원칙적으로 헌법지침으로부터 추가적인 입법권한은 도출되지 않는다.[26]

(5) 주관적 성격

a. 주관적 공권

중세시대까지 개인의 자유는 국가의 권한행사가 이루어지지 않는 영역에서 주어지는 반사적 이익으로 여겨졌다. 자연법사상과 계몽주의에 의해 기본권은 태어날 때부터 갖게 될 뿐만 아니라 타인에게 양도할 수 없는 권리로 주장되었지만, 법실증주의는 기본권의 권리적 성격에 의문을 제기했다. 기본권은 구체적인 목적물이나 대상

---

22) Merten, Begriff und Abgrenzung der Grundrechte, in: HGR II, §35, Rn.97.

23) BVerwG, DVBl 2006, S.778(781); Merten, Begriff und Abgrenzung der Grundrechte, in: HGR II, §35, Rn.99.

24) Merten, Begriff und Abgrenzung der Grundrechte, in: HGR II, §35, Rn.101.

25) Merten, Begriff und Abgrenzung der Grundrechte, in: HGR II, §35, Rn.96.

26) BVerwG, DVBl 2006, S.778(781).

(Objekt)을 갖지 않기 때문이다. 법실증주의에 따르면 기본권은 공권력에 대한 제한으로서, 위법한 국가의 강제로부터 개인의 행동의 자유를 보장하는 것이지만 주관적 권리성은 갖지 않는다. 또한 바이마르시대 기본권의 주관적 공권성이 점차 인정을 받다가, 나치의 등장 즈음에는 기본권이 국가에 대한 의무이행을 위한 권리로서 이해되어 국가에 대한 권리와 의무는 동일한 것으로 이해되었다.[27)]

이러한 독일의 과거 경험과 당시의 필요성에 따라 2차 대전 이후 제헌위원회에서는 기본권을 주로 전통적인 개인의 권리에만 국한시키고자 했다. 또한 기본권의 성격을 단순히 선언이나 지침 정도로 할 것인지, 구체적으로 소송을 통해 실현할 수 있는 권리로 할 것인지 활발한 논의를 펼쳤다. 제헌위원회는 기본권이 권리적 성격을 갖는 것으로서 구체적으로 개인이 소송을 통해 실현할 수 있고, 이에 관한 국가의 침해로부터 보호(방어)할 수 있는 구속력이 있는 것으로 인정하였다. 이 때문에 독일헌법 조문상 기본권이 “권리(Recht)” 또는 “청구(Anspruch)” 등으로 표현되고 있다.

구체적인 대상이나 특정 지위가 특정 개인에게 인정되는 것을 주관적 권리라고 할 때, 주관적 공권으로서 기본권은 개인이 책임을 지고 자신의 주관적인 이익을 추구해 나갈 수 있도록, 헌법(기본권조항)이 개인에게 보장하고 있는 구체적인 권한(Macht, Befugnis) 또는 능력(Fähigkeit)이라고 할 수 있다.[28)]

b. 주관적 기본권의 발현형식

기본권의 주관적 권리성은 먼저 지배권(Herrschaftsrechte)과 형성권(Gestaltungsrechte)으로[29)] 나타난다. 지배권은 일정한 사물 또는 사람

27) Merten, Begriff und Abgrenzung der Grundrechte, in: HGR II, §35, Rn.102ff.

28) Merten, Begriff und Abgrenzung der Grundrechte, in: HGR II, §35, Rn.106.

에 대하여 타인의 영향으로부터 보호받고, 자신의 영향력을 행사할 수 있는 권한이다. 재산권이 대표적인 지배권이다. (사적인 영역에서의) 혼인의 자유나 (공적인 영역에서의) 선거권은 대표적인 형성권으로 볼 수 있다. 이는 개인 혼자 법적인 상황의 변화를 가져오는 것이 아니라, 타인과 협력하여 이루어지는 것이므로 협력권(Mitwirkungsrecht)이라[30] 해도 큰 무리는 없을 듯 하다.

주관적 권리성은 청구권으로도 나타난다. 종교나 표현의 자유 등 고전적인 자유권은 개인의 종교생활과 표현을 위한 "활동"(행위)가능성을 보장하는 것이다. 신체, 주거, 통신(서신)의 자유는 일정한 생활 "영역"을 국가의 간섭으로부터 보호하는 것이다. 기본권은 헌법에 의해 보장되는 자유의 활동과 자유영역에 대해서 국가가 개입할 수 없도록 소극적으로 국가의 부작위를 요구하는 방어적 청구(Abwehransprüche)로서 나타나며, 이에 대한 제한이 있을 때는 적극적인 국가의 작위를 요구하는 제한의 철회 또는 제한으로 말미암은 손해에 대하여는 배상 등을 요구하는 급부청구(Leistungsansprüche)로 나타나기도 한다.

c. 주관적 기본권의 근거

기본권의 주관적 권리성은 헌법조항에서 직접 도출되기 때문에 특별히 법률이 필요하지 않다. 즉 국가의 부작위를 요구하는 방어적 청구권이나 국가의 작위를 요구하는 급부청구권은 헌법의 기본권조항에서 직접 도출되는 것이다. 또한 기본권의 주관성(Subjektivität)은 자유가 "자유언론(freie Presse)"같은 사회나 공동체의 자유가 아니라, 언론인의 자유(Freiheit des Pressangehörigen)처럼 개인의 자유가 원칙임을 의미한다. 재산권의 경우 물건의 보호가 원칙이 아니라, 개

---

29) 슈테른은 기본권이 법적 상황에 대한 어떤 변화와 영향을 준다는 데서, 이를 효력권(Bewirkungsrecht) 또는 협력권(Mitwirkungsrecht)이라고 표현하고 있다. Stern, Staatsrecht, Bd.III/1, S.572ff. 참조.

30) Stern, Staatsrecht, Bd.III/1, S.580ff.

인의 권리주체성을 보장하는데 주관성의 의미가 있다.

d. 기본권 주체성

기본권논의에서 일반적으로 이용되는 국가-개인간 관계에 있어서 개인의 기본권 주체성은 국가권력의 기본권의무(Grundrechtspflichtung)와 상대를 이룬다. 전통적으로 기본권주체성은 인간 또는 시민으로서 모든 자연인(natürliche Persnonen)에게 인정이 된다.

바이마르공화국 헌법에서는 법인(juristische Person)의 기본권 주체성에 관한 논란이 있었으나, 현행 독일헌법은 이를 명문으로 해결하였다. 독일헌법 제19 제3항은 기본권 "성질상(Wesen nach) 적용할 수 있을 때" 국내사법인(私法人)에게 기본권주체성을 인정하고 있다. 연방헌법재판소에 따르면 "법인의 성립과 활동이 자연인의 자유로운 인격발현의 표현일 때, 법인의 기본권을 인정하는 것이 정당화되며, 특히 법인 배후의 자연인과 관련성 때문에 법인의 기본권주체성 인정이 의미있고 필요한 것으로 보인다".[31] 그러나 독일헌법 제19조 제3항이 법인 자체를 보호하려는 의도를 가지며, 재산적 요소가 강한 재단(Stiftung)이나 주식회사의 경우에도 배후의 자연인과 관련 없이 기본권 주체성이 인정되기 때문에, 연방헌법재판소의 입장은 많은 비판을 받고 있다.[32]

기본권은 국가와 개인 관계에서 인정되는 것이기 때문에, 국가조직법상 공법인은 기본권 주체가 될 수 없다. 다만 공법인이라도 국가권력의 통제를 받거나 기본권 침해를 당하는 개인과 같은 상황이라면[33] 예외적으로 공법인이라도 절차적인 기본권은 주관적 권리로

31) BVerfGE 21, 362(369). 이러한 연방헌법재판소의 입장을 Durchgrifftheorie라고 하는데, 계희열 교수는 이를 법인구성원귀속설로 번역하고 있다.

32) 이와 관련된 학계의 비판적인 입장 소개는 Merten, Begriff und Abgrenzung der Grundrechte, in: HGR II, §35, Rn.119, Fn.877 참조.

33) BVerfGE 45, 63(79).

서 주장할 수 있다. 예컨대 교회, 대학, 방송국 등은 종교의 자유, 학문의 자유, 표현의 자유와 관련하여 기본권의 주체가 될 수 있다.

(6) 근본적 성격

기본권(Grundrechte)은 형식적인 의미에서 독일헌법인 "기본법(Grundgesetz)"에 규정되어 근본적인 권리일 뿐만 아니라, 역사적으로도 국가이전의 권리로서 인간존엄을 형성하는데 필수적이고, 근본적인 권리의 성격을 갖는다.[34] 슈미트에[35] 따르면 기본권은 국가구성의 기초를 이루고, 이를 헌법이 인정한 근본적인 권리(Fundamentalrechte)이다. 독일헌법 제48조 제1항에는 선거후보로 등록된 경우 선거준비를 위한 일정한 휴가를 청구할 수 있는 권리가 규정되어 있는데, 이는 단순히 헌법상(verfassungsmäβige) 보장되는 권리로서 기본권과는 구분된다.

(7) 실현가능성

기본권의 침해에 대하여 독립적인 법적 구제절차 등을 통해 기본권이 보호되지 못하거나 실제로 실현되지 못한다면, 주관적 권리로서 기본권은 의미를 상실하게 된다. 독일헌법 제정자들은 이 때문에 초기부터 기본권의 구제절차에 대하여 강조하였고, 헌법 제19조 제4항의 권리구제절차와 후에 헌법 제93조 제1항 4a호를 통하여 기본권의 제소가능성(Einklagbarkeit)과 실현가능성(Durchsetzbarkeit)을 보장하였다.[36]

---

34) Hesse, Verfassungsrecht, Rn.283.

35) Schmitt, Verfassungsrechtliche Aufsätze, S.190.

36) Merten, Begriff und Abgrenzung der Grundrechte, in: HGR II, §35, Rn.126.

4. 기본권의 개념

이상의 내용을 종합해 보면, 기본권은 헌법에 실정화되고, 규범력이 있으며, 직접적인 기본권조항으로부터 도출되는, 국가와 국민사이 관계에서 근본적이면서, 일반적으로는 사법적 구제절차를 통해 실현될 수 있는 주관적 공권이다.

Ⅱ. 기본권의 분류

1. 인권과 시민권

1789년 프랑스의 "인간과 시민의 권리선언"에서 인권은 자연상태에서 인간에게 주어지는 권리를 의미하고, 시민권은 정치체제 내에서 인간에게 주어지는 권리를 의미한다. 그러나 독일헌법에서 인권(Menschenrechte)은 국적과 관계없이 모든 사람들에게 인정되는 기본권을 의미한다. 독일헌법 기본권조항에서 "모든 사람(jedermann)은..." 또는 "누구든지(jeder 내지 niemand)..." 등으로 표현되기 때문에 "모든 사람의 기본권(Jedermann-Grundrechte)"이라고 일컫는다. 일반적 인격권, 행동자유권, 생명권, 표현의 자유 등이 이에 속한다. 이와 달리 시민권(Bürgerrechte) 또는 국민권은 독일헌법 제116조 제1항에 해당하는 독일국민에게만 인정되는 기본권을 의미한다. 보통 헌법조문에서 "모든 독일인은 ..."으로 표현되기 때문에 "독일인의 기본권(Deutschen-Grundrechte)"라고 일컫는다. 대표적으로 집회의 자유와 결사의 자유가 여기에 해당한다.

특정 자유권에 대하여 자국민에게만 기본권을 인정하는 것이 반드시 인간존엄의 보장에 위반되는 것은 아니다. 먼저 독일인에게 인정되는 기본권의 내용에 해당되는 행위가 외국인들에게 완전히 부정되는 것은 아니기 때문이다.[37] 또한 외국인에게 헌법상 보장되지 않는 기본권의 내용에 대해서 입법자가 법률로 독일인과 외국인을 동등하게 규율할 때가 많다. 무엇보다 다수견해는 독일인의 기본권에 해당하는 행위도 헌법 제2조 제1항의 일반적 행동의 자유를 통해 보호된다고 본다. 그 밖에 독일인에게만 인정되는 기본권의 내용에 대해서 외국인은 헌법 제1조의 인간존엄의 보장 내지 제3조의 평등원칙 등을 주장함으로써 보장받을 수도 있다. 외국인에게는 인정되지 않는 기본권을 자국민에게만 인정하는 것은 헌법적으로 부정되지 않을 뿐만 아니라 아직은(?) 국제법상 일반적인 것이다.

2. 자유권과 평등권

(1) 자유권

기본권의 보장내용과 목적에 따라서 자유권과 평등권은 구분될 수 있다. 자유권은 의견을 표시한다거나, 종교를 이유로 선교활동을 하거나, 직업활동을 하거나, 단체를 구성하거나 다른 사람과 집회를 하는 등 주로 개인의 활동이나 행동을 보장한다. 반대로 이러한 활동을 하지 않을 자유도 "소극적(negative) 자유"라고 하여 기본권으로서 보장된다. 또한 좁은 의미의 자유를 행사하는데 있어서 전제라고 할 수 있는 생명이나 신체 또는 사생활의 비밀 등 일정한 개인의 상태를 보장하는 것도 자유권에 포함된다.[38] 따라서 자유권은 개인의 작위(행동) 뿐만 아니라 부작위, 특정 상태까지 보장하는 집합개념이며, 이 때 자유는 넓은 의미를 갖는다.[39] 자유권은 다시 독일헌법 제2조 제1항의 일반적 (행동)자유권과 그 밖에 제4조 이하의 개

---

37) Hesse, Verfassungsrecht, Rn.284.

38) Heun, Freiheit und Gleichheit, in: HGR II, §34, Rn.30.

39) Dreier, GG, Bd.I. Vorb. Rn.75.

별적 자유권으로 구별할 수 있다.

(2) 평등권

평등권은 개인이나 특정 집단이 다른 사람들과의 관계에서 국가로부터 차별을 받지 않도록 보장하는 것이다. 평등권이 보장하는 것은 형식적이고 법적인 최소한의 평등한 대우이다. 따라서 국가의 불평등대우는 정당한 근거가 필요하다. 이러한 평등권의 특성 때문에 자유권과 달리 평등권에는 구별할 수 있는 보호영역(Schützbereich)이라는 것이 따로 존재하지 않는다.

평등권은 독일헌법 제3조 제1항의 일반적 평등원칙과 그 밖에 제3조 제2항, 제3항, 제6조 제5항, 제33조 제1항 내지 제3항, 제38조 제1항 제1문 등 개별적 내지 특수한 평등원칙으로 구분할 수 있다. 일반적 평등원칙은 다시 법을 집행하고 적용하는데 있어서 개인간 차별을 두어서는 안된다는 의미의 법적용에 있어서 평등(Rechtsanwendungsgleihheit)과, 법을 적용하는데 뿐만 아니라 법내용 자체가 차별적이어서는 안된다는 의미의 법제정에 있어서 평등(Rechtssetzungsgleichheit)으로 구분할 수 있다. 개별적 평등원칙은 일반적 평등원칙과 기본성격은 같지만, 차별에 대한 정당화요구가 일반적 평등원칙에서보다 조금 더 강화된다는 점에서 다르다고 할 수 있다.[40]

(3) 자유권과 평등권의 관계

국가의 특정 조치가 개인의 자유권을 제한할 때, 자유권을 제한당하는 개인과 다른 사람과의 관계에선 평등권도 침해되는 것이기 때문에, 자유권과 평등권은 서로 긴밀한 관계를 갖는다. 또한 자유권이나 평등권에 대한 국가의 제한은 정당한 근거가 필요하다는 점에서

40) Heun, Freiheit und Gleichheit, in: HGR II, §34, Rn.46.

도 양자는 같다. 국가의 제한조치에 대한 헌법적 정당성 심사에 비례원칙(또는 과잉금지원칙)을 적용할 수 있는지에 대하여 다수견해와 연방헌법재판소는 인정하는 경향이지만,[41] 평등권은 종종 목적-수단-관계심사에는 적합하지 않다는 이유로 부정하는 견해도[42] 있다.

그러나 자유권은 국가로부터 개인적인 활동의 특정 영역을 보장하고, 평등권은 다른 사람과의 관계에서 국가로부터 불평등하게 차별취급 당하는 것으로부터 보호한다는 점에서 양자는 서로 지향하는 바가 다르다. 따라서 자유권에 대한 국가의 기본권 제한의 위헌성은 보통 i) 국가의 규제조치가 자유권의 보호영역에 해당하는가 ii) 국가의 규제조치는 보호영역을 제한하는가 iii) 국가의 기본권 제한은 정당화될 수 있는가 하는 3단계를 거쳐 심사되지만,[43] 평등권에 대한 국가의 규제조치는 i) 기본적으로 같은 것을 달리 차별했는가 ii) 그러한 차별조치는 헌법상 정당화될 수 있는 것인가 하는 2단계 심사를[44] 거치게 된다.

3. 실체적 기본권과 절차적 기본권

실체적 기본권(materielle Grundrechte)이란 특정한 자유권과 평등권의 내용을 보장하는 기본권을 의미하며, 절차적 기본권(prozessuale Grundrechte/Verfahrensgrundrechte)은 실체적 기본권이 실제로 보장되고 실현될 수 있도록 법적인 절차를 보장하는 기본권으로서 형식적 기본권(formelles Grundrecht)이라고도[45] 한다. 일반적인 절차적

41) Kloepfer, Gleihheit als Verfassungsfrage, 1980, S.56ff; Hesse, Verfassungsrecht, Rn.439; Pieroth/Schlink, Grundrechte, 440. BVerfGE 55, 72(88) 등.

42) Heun, Freiheit und Gleichheit, in: HGR II, §34, Rn.44ff.

43) Pieroth/Schlink, Grundrechte, Rn.346ff.

44) Pieroth/Schlink, Grundrechte, Rn.501ff.

기본권은 사법절차를 통한 권리구제를 보장하고 있는 독일헌법 제19조 제4항이다. 헌법 제101조 제1항 제2문(법률에 정한 법관에게 재판받을 권리), 제103조(법정진술권) 등은 개별적 절차적 기본권이라 할 수 있다. 연방헌법재판소는 공정한 재판절차의 원칙(Grundsatz des fairen Verfahren)도 독자적인 절차적 기본권으로 인정했다.[46)]

4. 원리로서 기본권과 규칙으로서 기본권

법규범을 가능한 최상의 실현을 요구하는 원리(Prinzip)와 적용되거나 또는 적용되지 않는 협의의 규범으로서 규칙(Regel)으로 구분할 때, 기본권을 최적화명령(Optimierungsgebot)이 요구되는 원칙으로 이해하는 입장이 있다.[47)] 이러한 원리와 규칙의 구분은 먼저 에써(J. Esser)에 의해 전개되었다가 영미법에서의 논의를 알렉시(R. Alexy)가 다시 도입하여 정리한 내용으로서 독일의 기본권이론에 상당한 영향을 미치고 있다.[48)] 그러나 이러한 원리이론은 모든 일반적인 기본권 논의를 포기하고, 상당히 복잡한 형량과정을 도입하여, 결국 문제해결에 있어서 모든 중대한 상황을 고려하도록 요구할 뿐이다.[49)] 또한 원리모델(Prinzipienmodell)의 근거가 되는 대화이론(Diskurstheorie)은 헌법이 보장하고 있는 소극적이고 주관적인 방어권을 정당화하지 못한다는 비난을 받고 있다.[50)]

---

45) Pieroth/Schlink, Grundrechte, Rn.1006.

46) BVerfGE 57, 250(275); 78, 123(126); 89, 120(129).

47) Alexy, Theorie der Grundrechte, 1994, S.71ff. 우리나라의 경우 대표적으로 이준일, 헌법학강의, 2007, 356-358면. 이준일 교수는 '원칙'이라는 표현을 사용한다.

48) Dreier, GG, Bd.I, Vorb. Rn.79.

49) 이에 대한 비판은 특히 Poscher, Grundrechte Abwehrrechte, 2003, S.75ff. 참조.

50) Engländer, Diskurs als Rechtsquelle?, 2002, S.97ff. 그 밖에 원리이론은

5. 사회권 문제

노동이나 교육, 주택 또는 사회보장에 관한 기본권을 사회권이라 한다. 독일헌법은 이러한 사회권조항을 갖고 있지 않다. 이는 사회권조항이 다른 주관적 기본권들과 마찬가지로 "..한 권리를 갖는다" 라고 표현될 수 있지만, 실제로 어떻게, 누구에게, 어느 정도로, 어떤 수단을 가지고 사회권을 보장할 것인지에 대해서 명확한 내용이 없는 경우가 일반적이다. 사회권은 자유권적 방어권처럼 직접 법원의 사법절차를 통해 실현할 수 있는 권리가 아니라, 국가가 그러한 내용을 실현하도록 국가사무를 규정한 국가목적조항(Staatzielbestimmung)에 불과하다.

사회권은 국가예산에 대하여 종속적이고, 때로는 모든 사람의 근로의 권리를 실현하기 위한 완전고용처럼 불가능한 것을 지향하거나, 제3자(특히 기업인)의 해고(계약)의 자유같은 경제적 자유를 제한할 필요가 발생하기도 하며, 모든 사람들의 주택에 관한 기본권실현을 위하여 완전한 국가통제경제가 필요할 수도 있다. 사회권을 실현할 수 있는 전제나 국가의 능력이 갖추어져 있지도 않으면서 무분별하게 사회권을 창설해놓고, 실현하지 못하면 오히려 헌법의 규범력이 문제될 뿐만 아니라, 헌법이 갖고 있는 통합적 역할에 부작용만 가져오게 된다.[51] 이러한 이유들 때문에 사회권은 독자적인 헌법규범 카테고리를 형성하지 못한다.[52]

헌법에 사회권조항의 설치를 포기하는 것이 국가에 대한 급부청

최적화명령 때문에 기본권의 충돌 등에서는 인정될 수 있어도, 기본권의 규범적 성격 자체를 논의할 때는 끌어들이기 어렵다는 비판에 대해서는 Stern, Staatrecht, Bd.III/1, S.504f. 참조.

51) 특히 Hesse, Verfassungsrecht, Rn.208 참조.

52) Merten, Begriff und Abgrenzung der Grundrechte, in: HGR II, §35, Rn.122.

구권을 배제하는 것은 아니다. 독일헌법 제6조 제4항 처럼 모성보호를 위하여 국가에 일정한 급부를 요구할 수 있다.

연방헌법차원에서는 사회권이 기본권으로 규정되지 않았지만, 그렇다고 주헌법차원에서도 기본권으로 규정될 수 없는 것은 아니다.[53] 물론 독일의 각 주헌법에서는 기본권조항과 국가목적조항이 혼용된 경우가 많다. 몇 몇 주에서 노동과 주택에 대한 권리를 인정하는 형식을 취했지만, 이는 주관적 기본권의 보장이라기보다 객관적인 국가의 사무를 규정한 것으로 보아야 한다. 기본적으로 국가가 노동과 주택에 대한 중앙집권적 통제권한을 갖지 않은 이상, 개인의 노동과 주택에 대한 청구권을 실현해야 할 의무이행자는 아니다.[54]

Ⅲ. 우리나라에서 의미와 실제

기본권 개념에 대한 단행본으로 정종섭 교수의 『기본권의 개념』이 있다. 전반적으로는 위에서 언급한 내용과 유사하지만, 기본권의 주관적 권리로서 특징을 개체귀속성, 청구성, 처분성, 면책성 등으로 본 것이[55] 눈에 띈다. 다만 사회권을 포함하고 있는 우리 헌법상 기본권 개념이 과연 일관되게 정립될 수 있을지는 의문이다. 예컨대

53) Dreier, GG, Bd.I, Art. 1 III, Rn.36. 사회권은 주헌법에서 기본권이나 국가목적조항, 또는 양자의 혼합형태로서 규정되기도 한다. 다만 그 실현에 있어서는 일관되지 않는다. 예컨대 “자연의 아름다움을 향유할 권리”같은 환경권의 경우, 작센주헌법재판소는 주관적 권리성을 부정한 반면, 바이에른주헌법재판소는 이를 인정하였다. 그러나 베테르만(Bettermann)은 환경권의 주관적 권리성을 인정하는데 따르는 절차적 문제와 영향력을 바이에른주헌법재판소가 충분히 고려하지 않았다고 비판하였다. Bettermann, DVBl 1975, S.548ff.

54) Gröschner, in: Dreier, GG, Bd.II, Art.20(Sozialstaat), Rn.58.

55) 정종섭, 기본권의 개념, 2007, 27-40면.

자유권과 대비되는 사회권이 “최소한 제한된 구체적 권리”라고[56] 하더라도, 사회권이 포함된 전체 기본권을 구체적 권리라고 규정하는 것이 쉽지 않기 때문이다. 자유권과 사회권을 모두 아우르는 기본권 개념을 도출해 낼 수 있는지, 아니면 분리하여 자유권을 중심으로 기본권 개념을 정립해야 할 것인지 연구가 필요한 부분이다.

우리 헌법상 기본권 체계는 인간존엄과 행복추구권(제10조), 평등권(제11조), 자유권적 기본권(제12조 내지 제23조), 참정권적 기본권(제24조, 제25조), 절차적 또는 청구권적 기본권(제26조 내지 제30조), 생존권적 기본권 또는 사회권(제31조 내지 제36조), 기본권의 제한(제37조), 기본의무(제38조, 제39조)로 구분할 수 있다.[57]

<table>
<tr><td></td><td>자유권
(12-23)</td><td>참정권
(24, 25)</td><td>절차권
(26-30)</td><td>사회권
(31-36)</td><td rowspan="2">기본권
제한의
요건
(37 II)</td><td rowspan="2">기본권
제한의
전제
(37 I)</td><td rowspan="2">국민의 의무
(38, 39)
국가조직
(40-127)</td></tr>
<tr><td colspan="5">평등권(제11조)</td></tr>
<tr><td colspan="8">인간의 존엄과 행복추구(제10조)</td></tr>
</table>

56) 양건, 헌법강의 I, 2007, 625-626면.

57) 양건, 헌법강의 I, 2007, 210-211면 참조.

CHAPTER 3

제3장 기본권의 이중적 차원

전통적으로 기본권은 자유와 재산에 대한 국가의 제한으로부터 개인의 주관적 권리를 보장하는 국가에 대한 방어권으로서 그 내용과 기능이 인정되어 왔다. 그러나 기본권은 지속적인 발전과정을 거치면서 주관적 권리로서 뿐만 아니라 특히 기능적으로 새로운 내용을 담고 있는 것으로 인정받게 되었다.[1] 연방헌법재판소는 이를 기본권의 가치질서(Wertordnung)라는 이름 외에 "개관적 · 법적인 가치결정(objektiv-rechtliche Wertentscheidung)", "객관적 가치구속적인 질서(objektive bzw. wertgebundene Ordnung)", "헌법적 근본결정(verfassungsrechtliche Grundentscheidung)", "가치결정적 원칙규범(wertentscheidende Grundsatznorm)", "객관적 원리(objektive Prinzipien)", "객관적 · 법적인 내용(objektiv-rechtliche Gehalte)" 등으로 확인하고 있다. 주관적 권리로서의 기본권과 구별되는 이러한 내용들을 객관적 법으로서의 기본권이라 할 수 있다.

---

1) Dreier, GG, Bd.I, Vorb. Rn.82, 특히 Fn.319의 문헌 참조.

그러나 기본권의 객관적 기능은 2차 세계대전 이후의 새로운 현상은 아니다. 입헌군주제가 지배했던 19세기 특히 독일 남부주들(예컨대 Baden, Bayern, Würtemberg)에서는, 재산권, 양심의 자유, 언론의 자유 등 기본권이 국가에 대한 개인의 주관적 권리가 아니라 입법자들이 실현하고 보장해야 할 지침이나 국가운영계획으로 작용했다. 뿐만 아니라 기본권의 객관적인 성격은 이미 18세기 프랑스의 인권선언에서도 찾아볼 수 있다. 예컨대 인권선언의 권리는 객관적인 성격을 가진 것으로서, 구체제(ancient régime)를 개편하며 평등한 시민사회구성을 위하여 입법자들에게 법률로서 기본권을 실현하도록 임무를 부과하였다. 이 때 법률이 평등한 시민사회를 구현하는데 부족하거나 문제가 있을 때, 최종적으로는 소송을 통해 기본권을 실현할 수 있었는데, 이를 통해 기본권의 주관적 권리로서의 성격이 인정되었던 것이다. 곧 기본권의 객관적 성격 때문에 기본권의 실현이 먼저는 입법자에게 위임되었고, 입법자를 통한 기본권 실현에 문제가 있을 때 기본권의 주관적 성격을 근거로 구체적인 소송을 통하여 기본권을 실현하였던 것이다.[2)]

이러한 기본권의 이중적 측면은 일반적으로 "기본권의 이중적 성격(Doppelcharakter)"이란 제목으로 논해지거나[3)] "기본권의 기능(Funktion)"이란 제목으로 논해지기도 하지만,[4)] 여기서는 개인과 국가사이의 관계에서 개인이 국가에 대하여 주장하는 주관적 측면에서

---

2) Wenger, AöR 2005, S.618ff. 참조.

3) 양건, 헌법강의I, 2007, 207면, 독일의 경우 대표적으로 Hesse, Verfassungsrecht, Rn.279.

4) 대표적으로 Pieroth/Schlink, Grundrechte, Rn.57ff. 기본권의 기능(Grundrechtsfunktionen)은 기본권이 어떤 종류의 효력(Wirkung)과 법적 효과(Rechtsfolgen)를 가지는가에 대한 문제이며, 기본권의 차원(Grundrechtsdimensionen)은 그러한 기능들을 포괄하는 상위개념으로 이해되기도 한다. Jarass, Wirkungen der Grundrechte, in: HGR II, §38, Rn.1f.

본 기본권의 내용과 개인과 국가사이의 관계에서 객관적으로 보장되는 기본권의 내용을 전개하기 때문에 차원(Dimension)이란 제목을 달았다.[5)]

Ⅰ. 주관적 권리 차원

주관적 권리 차원의 기본권 내용이란, 기본권 주체가 직접 국가에 대하여 법적인 요구를 행하는 것을 의미한다. 개인이 국가에 대하여 법적인 요구를 하는 경우에는 일정한 방어를 요구할 수도 있고, 급부를 요구할 수도 있으며, 이와는 구별되는 평등한 대우를 요구할 수도 있다.

1. 방어권으로서 기본권

가장 기본적으로 기본권은 국가에 대한 개인의 방어권으로서 기능을 한다. 개인의 보호이익이나 자유영역을 국가가 부당하게 제한할 때,[6)] 그에 대응하여 국가의 부작위를 요구할 수 있는 권리를 부여하는 것이다. 기본권의 방어적 기능이 보장하는 것은, 개인이 국가의 간섭 없이 자신의 생활영역에서 자유롭고 독립적으로 개인적인 결정을 하거나 생활관계를 형성하도록 돕는 것이다. 국가의 간섭을 배제하고 부정하는 이러한 자유주의적 기본권사상은 기본권이론의

5) Dreier, GG, Bd.I, Vorb. Rn.82ff.

6) 기본권의 방어권 기능은 국가의 기본권 제한(Eingriff)을 전제로 하는 개념이다. 한편 기본권의 제한을 국가의 일정한 작위를 일컫는 것으로서, 국가의 기본권 제약(Grundrechtsbeeinträchtigung)의 한 종류이며, 기본권의 제약은 국가의 급부나 보호의 부작위(Unterlassen)의 경우도 포함하는 상위 개념으로 보는 견해도 있다. Jarass, Wirkungen der Grundrechte, in: HGR II, §38, Rn.17.

중심체계를 형성한다. 이는 기본권의 당연한 성격이기보다, 구성원 모두에게 개인의 자유를 최대한 보장하려는 자유주의 시민사회로의 변화과정에서 얻게된 기본권의 기능이라고 볼 수 있다.[7)]

(1) 체계에 있어서 전통적 기본권

역사적으로도 기본권은 반드시 방어권을 중심으로 발전한 것은 아니다. 예컨대 프랑스혁명 당시 평등사상의 발달은 국가에 대하여 평등한 대우를 요구하였는데, 이는 기본권을 국가에 대한 방어권으로서 보기보다 새로운 근대사회 형성을 위한 하나의 기초로서, 국민의 대표들을 통한 입법의 정당성 근거로서 작용하였다. 또한 1776년 버지니아 권리장전에서는 기본권을 통치권의 제한과 한계가 아니라, "통치의 기초이며 근거(basis and foundation of government)"로 표현하였다. 즉 기본권은 정치질서를 구성하는 요소이며, 국가로부터의 자유(Freiheit vom Staat)가 아니라 "국가에 대한(또는 국가를 형성하는) 민주적 자유(Freiheit zum Staat)"를 의미했다. 이러한 민주주의를 형성하는 측면에서 기본권은, 공동체가 개인의 자유롭고 적극적인 협력과 참여를 통해 운영되는 것을 보장하는 전제조건인 것이다.[8)]

따라서 기본권의 방어적 기능이나 자유주의적 기본권사상을 "전통적(또는 고전적)"이라고 하는 것은 기본권의 역사적 측면에서 표현한 것이 아니라, 체계적인 평가에 기초한 것임을 알 수 있다.[9)]

---

7) Wenger, AöR 2005, S.619.

8) 물론 이러한 민주적 측면에서 기본권의 이해가 방어적 기능의 기본권 내용에 특별한 영향을 미치는 것은 아니다. 기본권은 방어권으로서 개인의 사적 영역에서 뿐만 아니라 정치생활 영역에서 자주적이고 자유로운 결정을 가능케 하는 것이기 때문이다. Dreier, GG, Bd.I, Vorb. Rn.85.

9) 고전적인 기본권의 기능(Pieroth/Schlink, Grundrechte, Rn.57ff.)은 흔히 옐리네크의 지위이론에 근거하여 구분한다. Jellinek, System der subjektiven öffentlichen Rechte, 2.Aufl., 1919, S.94ff. 이에 따르면 개인이 국가에 대하여 가지는 일정한 상태를 지위(status)라고 할 때, 이 지위는 여러 기본

(2) 적극적 자유와 소극적 자유

방어권에는 적극적 자유와 소극적 자유가 모두 포함된다. 여기서 적극적 자유란 보장되는 자유의 영역에서 적극적으로 기본권을 행사할 수 있는 자유를 의미한다. 소극적 자유란 특정 기본권관련 상황 속에서 소극적으로 기본권을 행사하지 않을 자유를 의미한다. 즉 방어권은 자신의 자율적이고 독립적인 결정에 따라 일정한 행위를 적극적으로 하거나, 또는 특정행위(또는 자유)를 하도록 국가로부터 강요당하지 않고 하지 않을 수 있는 자유를 모두 포함하는 것이다.

(3) 국가조치의 형식화와 합리화 기준으로서 방어권

기본권이 방어권의 기능을 발휘한다고 해서, 기본권을 제한하는 모든 국가조치가 처음부터 위헌이고, 부정되는 것은 아니다. 국가가 기본권이 보장하고 있는 개인의 자유영역을 제한했을 때, 기본권은

권들을 통해서 형성되고 보장되는 것이다. 기본권은 그 보호기능에 따라서 소극적 지위(status negativus), 적극적 지위(status positivus), 능동적 지위(status activus)로 구분할 수 있다. ① 소극적 지위는 개인이 국가로부터 자유(Freiheit vom Staat)를 행사하여 자신의 문제를 해결하고 보장받는 상태이다. 이 때 기본권은 방어권(Abwehrrechte)으로서 국가의 제한에 대하여 개인의 자유 또는 자유영역을 보장하고 보호한다. 신체의 자유나 재산권 등 전통적이고 일반적인 기본권이 소극적 지위를 보장하는 기능을 갖는다. ② 적극적 지위는 개인이 국가를 통해서만 자유(Freiheit nicht ohne den Staat)를 얻게 되는 상태를 의미한다. 이 때 기본권은 국가에 대한 청구권, 보호권, 참여권, 급부권, 절차권 등으로서 개인의 지위를 보장한다. 옐리네크는 권리구제절차의 보장을 적극적 지위보장을 위한 핵심적 기본권으로 보았다. ③ 능동적 지위는 개인이 국가 내에서 국가를 위한 자유(Freiheit im und für den Staat)를 행사하는 상태를 의미한다. 보통 국민의 권리로서 선거권이나 피선거권, 공무담임권 등이 국민의 능동적 지위를 보장한다. 그 밖에 피로트/슐링크는 제도보장(Einrichtungsgarantien)을 고전적 · 전통적 기본권기능에 포함시켰으나, 제도보장이 객관적 성격을 갖는 것임을 분명히 했다. Pieroth/Schlink, Grundrechte, Rn.70.

국가의 특정조치가 헌법상 정당화될 수 있는 형식적 실질적 기준으로 작용하는 것이다.

2. 급부권으로서 기본권

비록 독일헌법이 사회권을 기본권 목록에 포함시키지 않았다고 해서, 국가의 적극적인 작용에 대한 모든 청구를 부정한 것은 아니다.[10] 독일헌법 제6조 제1항의 혼인과 가족의 보호, 제4항의 공동체에 대한 母의 보호 내지 扶助청구권(Anspruch auf Schutz und Fürsorge) 등이 급부권으로서의 기본권에 해당한다. 국가의 보호를 요구(Schutzansprüche)하는 급부권으로서의 기본권은 객관적인 국가의 보호의무와 구별된다.[11] 독일헌법에서 인정하고 있는 급부권은 본래부터 주관적인 성격을 가진 것이 아니라 명시적인 헌법규정을 통해서 주관화된 보호의무(resubjektivierte Schutzpflichten)이기 때문이다. 국가가 이러한 급부의무를 해태하였을 때, 국가의 부작위는 기본권에 대한 제약(Beeinträchtigung)이 된다.[12]

이론적으로 본래 급부국가적인 보장내용을 자유권으로부터 도출하는 것이 가능한지에 대해서는 논란이 있다. 급부권을 자유권으로부터 도출하는 것은 급부권을 제한당했을 때 재판을 통해 기본권에 대한 구제 내지 보장을 실현할 수 있는지 여부 때문에 의미가 있다.[13] 예컨대 연방헌법재판소는 입학정원제 판결에서[14] (독일은 대학

10) 다수견해에 따르면 헌법상 사회국가원칙과 관련하여 인간존엄보장원칙으로부터 생존을 보장하는 국가의 급부를 요구할 수 있는 청구권, 소위 최소생존보장권(Recht auf Existenzminimum)은 인정된다고 보고 있다. BVerfGE 82, 60(85); 87, 153(170); 91, 93(111). 물론 최소생존보장은 국가의 경제적 상황, 사회적 평가 등과 관련하여 시대와 장소마다 다를 수 있기 때문에 입법자들에 의해서 구체적으로 결정되어야 한다.

11) Dreier, GG, Bd.I, Vorb. Rn.89.

12) Jarass, Wirkungen der Grundrechte, in: HGR II, §38, Rn.28.

이 거의 대부분 국립이므로 대학교육을 국가가 독점했다는 이유로) 사회국가원리에 따라 모든 학과마다 충분한 입학정원을 갖출 헌법적 임무가 도출될 수 있고, 독일헌법 제12조 직업의 자유로부터 입학정원을 마련하도록 국가에게 청구할 수 있는 가능성이 있음을 시사했다. 물론 이는 국가의 재정적 능력에 따라 달라질 수 있음(Vorbehalt des Möglichen)을 인정했고, 그 후 판결에서는 오히려 그와 관련된 구체적인 청구권들은 인정되지 않았다.[15] 국가는 교육장소 마련을 위하여 자신의 모든 노력을 기울여야 하겠지만, 그러한 급부국가적 보장내용은 파생적(derivative) 참여권 내지 급부권 문제에 속하는 것이고, 본래적인(originäre) 국가의 급부의무를 자유권으로부터 재해석을 통하여 도출하는 것은 문제가 있다.[16] 자유권으로부터 국가의 급부의무를 도출하려는 이론적 시도는 기본권으로서 사회권이 없는 독일의 상황에서 국가의 사회적 급부를 보장하려는 노력이라고 할 수 있다. 그러나 실질적 자유행사의 전제조건을 보장함으로써 사실상 자유와 평등을 실현하려는 노력은 기본권이 아니라 사회국가원리에 해당한다.[17]

권리구제절차(재판받을 권리)의 보장도 역시 일정한 사법제도의 마련을 요구하고 있기 때문에 급부권의 요소를 가지고 있다. 정치적 참여의 성격 뿐만 아니라 절차적 기본권의 기능을 갖는 청원권

13) Jarass, Wirkungen der Grundrechte, in: HGR II, §38, Rn.34.

14) BVerfGE 33, 303(333).

15) 예컨대 학과의 기존입학정원의 유지청구권(BVerfG, DVBl 1999, 1577 (1578f.), 충분한 치대생의 교육장소와 진료장소의 보장권(Bad.-Württ.VGH, DÖV 1994, 390) 등은 인정되지 않는다.

16) Hesse, Verfassungsrecht, Rn.289. 본래적 급부청구권은 국가의 재정부담이 적을 경우 인정될 수 있는 것으로 보는 견해는 Jarass, Wirkungen der Grundrechte, in: HGR II, §38, Rn.26.

17) Dreier, GG, Bd.I, Vorb. Rn.90.

(Petitionsgrundrecht)도 어느 정도 급부권의 성격을 갖는다. 정치과정에 대한 민주적 참여절차에 관한 선거권은 국가가 일정한 제도나 절차를 마련하도록 급부권으로서 요소도 포함하고 있지만, 방어권적인 성격도 갖기 때문에 특수한 경우에 해당한다. 사회보장제도에 대한 참여권 내지 급부권은 평등권 문제에 속하는 것으로 본다.

3. 평등권으로서 기본권

평등권은 방어권이나 급부권 일방에 귀속시킬 수 없다. 국가의 평등한 대우를 요구하는 것은 국가의 적극적 작위를 통해서도 이룰 수 있고, 소극적인 부작위를 통해서도 성취될 수 있기 때문이다.[18] 소극적인 부작위를 요구하는 평등권은 상태방어권(modale Abwehrrechte)[19] 성격을 갖게 된다. 예컨대 국가로부터 받는 불평등한 부담을 제거하는 것이다.[20] 행정법상 소위 소극적 경쟁자소송(negative Konkurrentenklage)이 이러한 노력에 해당한다. 적극적인 국가의 작위를 요구하는 평등권은 파생적 참여청구권 또는 급부청구권(derivative Teilhabe- oder Leistungsansprüche)이다.[21] 예컨대 제3자에게 인정된 수익이나 급부를 동일하게 요구하는 것이다.

국가에 대하여 적극적인 작위를 요구하는 것은 다시 두 가지 측면에서 구별할 수 있다. 첫째는 예컨대 법적용상 평등으로서, 예컨대 공공시설을 동일하게 이용할 수 있도록 또는 국가의 지원금을 동일하게 요구하는 적극적 경쟁자소송(positive Konkurrentenklage) 내지

18) Pieroth/Schlink, Grundrechte, Rn.479f.

19) Stern, Staatsrecht III/1, S.652.

20) Pieroth/Schlink, Grundrechte, Rn.481.

21) 본래적(originäre) 참여 내지 급부권이 존재하지 않는 국가의 급부를 요구하는 것이라면, 파생적(derivative) 참여 내지 급부권은 일정하게 국가의 급부가 존재하는 상태에서, 기존의 급부를 요구하는 것이라고 구별할 수 있다. Hesse, Verfassungsrecht, Rn.289 참조.

선거운동시 정당의 방송시간을 동일하게 편성할 것을 요구하는 평등지위소송(Gleichstellungsklagen)의 경우다. 두 번째는 법률을 통해 평등원칙에 위반되는 수익이나 급부를 아예 없애는 경우다. 평등한 급부 청구에 대하여, 국가는 기본권주체에게 동일한 급부를 인정할 수 있지만 반드시 그래야만 하는 것은 아니다. 국가의 급부를 신청자에게도 확장할 것인지 아니면 대상이 된 국가의 급부를 폐지할 것인지는 원칙적으로 입법자의 결정에 달려있기 때문이다.

국가의 급부를 적극적으로 인정하는 것은 입법자의 재량이나 형성권한에 속하기 때문에, 연방헌법재판소는 국가의 급부가 문제되는 경우 소극적으로 법률의 위헌만 확인하고 적극적으로 무효까지 선언하지는 않는다.[22] 그러나 i) 헌법으로부터 국가의 급부를 부여할 것을 도출할 수 있거나, ii) 이미 입법자가 일정하게 확립된 국가의 급부체계를 형성하고 있어서 이를 유지하고, 수혜대상에서 누락된 집단 또는 개인에게 급부를 인정하는 것이 일관성이 있고 조화로운 경우에는 급부의 확장을 인정한다.[23]

Ⅱ. 객관적 차원

기본권의 직접적인 주관적 권리로서의 성격을 갖지 않는 모든 기본권의 효력을 객관적 법으로서 기본권 내용이라고 할 수 있다.[24] 이는 자유주의 시민사회에서 기본권을 최대한 보장할 때 나타나는 문제를 해결하기 위한 필요 때문에 나타난 것이다. 모든 개인에게 가능한 최대한 자유를 보장하는 것은, 역설적으로 모든 개인에 대한 자유의 제한으로 나타날 수 있다. 이 때 개인간 권리와 자유의 충돌

22) Pieroth/Schlink, Grundrechte, Rn.487.

23) Pieroth/Schlink, Grundrechte, Rn.484ff.

24) Alexy, Theorie der Grundrechte, S.478.

내지 갈등 문제에 기본권의 효력을 최대한 인정하기 위해서는 소위 실제적 조화나 형량, 기본권 보호의 최적화 등이 요구되는데, 이러한 임무를 수행해야 하는 수범자는 입법자다. 법률을 통해 기본권을 제한하는 것도 입법자가 되지만, 결국 법률을 통해 기본권의 효력을 실현해야 하는 것도 입법자인 것이다.[25)]

기본권의 객관적 권리로서 이해는 세 가지 의미를 갖는다. 첫째로 기본권은 주관적 권리로서의 효력뿐만 아니라 객관적으로도 효력을 갖는 권리 내지 법(Recht)이다. 둘째로 국가의 공권력 행사시 기본권을 존중해야 한다는 의미를 갖는다. 셋째로 기본권이 본래적으로 주관적 권리라는 자유주의 시민사회에서의 이해에 더하여, 기본권의 기능은 새롭게 이해되고 확장되어가고 있음을 의미한다.[26)] 하지만 '객관적 권리로서 기본권의 내용이 기본권의 주관성, 곧 제소할 수 있는 청구권의 근거가 될 수 있는가' 하는 소위 기본권의 재주관화(Resubjektivierung) 문제에 대해서는 연방헌법재판소의 판례나 학설이나 모두 아직은 명쾌한 답을 제시하지 못하고 있다.[27)]

기본권의 객관적 법내용은 가치질서(Wertordnung) 객관적 권리 내용(objektiv-rechtliche Gehalte) 또는 객관적 질서의 요소란 이름으로 설시했던 일련의 연방헌법재판소 결정들을 통해 크게 네 범주로 구분할 수 있다. 기본권의 제3자적 효력(Drittwirkung), 기본권 보호의무, 절차와 조직(Verfahren und Organisation), 제도보장(Einrichtungsgarantie)

---

25) Wenger, AöR 2005, S.619ff.

26) 예컨대 헤세는 기본권의 객관적 차원이 소극적 권한조항(negative Kompetenzbestimmungen), 공동체질서의 요소, 현대국가의 기본권 보장을 위하여 절차마련의 의무를 확대시키는 등, 주관적 성격의 내용을 보완하고 강화하는 관계에 있다고 설명한다. Hesse, Verfassungsrecht, Rn.290ff. 그 밖에 기본권 기능의 확장에 대해서는 Jarass, Wirkungen der Grundrechte, in: HGR II, §38, Rn.5ff. 참조.

27) 자세한 내용은 Dreier, GG, Bd.I, Vorb. Rn.95 참조.

등이다.

1. 기본권의 파급효과

(1) 기본권의 파급효과

기본권은 한 공동체 전체 법질서의 근본원리이므로 법률은 기본권의 영향력 하에 놓이고, 입법, 행정, 사법을 막론하고 모든 국가권력의 형식에 대해서는 중요한 지침과 동력으로 작용하게 된다. 특히 입법에 있어서 흠결이나 새로운 법률의 제정이 필요할 때 기본권은 입법의 지침과 동력으로서 중요한 역할을 한다.[28)]뿐만 아니라 행정과 사법은 법률의 해석과 적용에 있어서 기본권의 효력이 관철되도록 노력해야 한다. 기본권이 이렇게 국가와 사회의 법질서 전반에 관하여 영향을 미치는 것을 기본권의 파급효과라 한다.[29)] 이와 관련하여 가장 중요한 선례가 되는 것은 바로 연방헌법재판소의 뤼트판결이다.

(2) 뤼트(Lüth) 판결

a. 사실관계

독일 나치체제 하에서 1940년 반유대주의 선전영화 "간사한 유대인(Jud Süβ)"을 만들었던 독일의 대표적인 영화감독 할란(Veit Harlan)은, 패전후 유태인박해에 영향력을 행사하고 인권을 말살한 혐의로 重罪담당 형사법원(Schwurgericht)에 기소되었으나 결국 무죄로 석방되었다. 할란은 그 후 1950년 "불멸의 연인(Unsterbliche Geliebte)"을 만들었으나, 당시 함부르크 언론인협회장인 뤼트(Erich Lüth)는 공식석상에서 영화제작자, 배급사, 극장주 그리고 시민들에게 할란 영

28) Stern, Staatsrecht, Bd.III/1, S.927.

29) Stern, Staatsrecht, Bd.III/1, S.923ff. 참조.

화의 구매 · 상영 · 관람을 거부할 것을 부르짖었다. 불멸의 연인 제작자들의 공식적인 질의에 대해서도 뤼트는 공개서한을 통해, 할란을 무죄로 석방한 법원의 결정을 비난하며, 할란이 독일의 대표적인 감독임을 거부하는 것이 독일인들의 권리이며 의무라고 주장하였다. 결국 함부르크 지방법원은 할란 측의 주장을 받아들여, 뤼트의 보이콧주장은 독일민법 제826조의[30] 선량한 풍속 위반(Sittenwidrigkeit)에 해당하여 재산상 손해를 가져올 수 있기 때문에, 거부운동을 중단할 것을 명령했다. 뤼트는 함부르크 주법원에 항소하며, 연방헌법재판소에 헌법소원심판을 청구하였다. 연방헌법재판소의 판결내용중 일부를 요약하면 다음과 같다.

b. 판시내용

법원의 판결(거부운동 금지명령)은 "객관적으로(objektiv)" 독일헌법 제5조 제1항에 보장된 표현의 자유를 제한할 수 있다.[31] 특히 법원이 민법규정을 해석할 때 기본권조항의 내용이 전혀 반영되지 않은 채 판결을 내리면, 사법권을 통해 기본권이 침해될 수 있다. 물론 기본권의 주된 기능은 국가에 대한 개인의 방어권으로서, 공권력 행사를 통한 기본권 제한에 대하여 개인의 자유영역을 보호하는 것이다.[32]

하지만 독일헌법은 가치중립적인 질서를 정립한 것이 아니라, 제1장 기본권章에서 객관적 가치질서를 확립하고 기본권 효력의 강화를 명시적으로 표현했다. 헌법에 나타난 가치체계의 핵심은 사회질서 속에서 개인의 인격과 존엄을 자유롭게 발현하는 것이며, 따라서 이러한 가치체계는 헌법상 근본적인 결정으로서 모든 법영역에서 효

---

30) 제826조: 선량한 풍속에 위반하여 타인에게 고의로 손해를 가한 사람은 그 타인에게 손해를 배상할 의무를 진다(양창수, 독일민법전, 2005, 531면 번역 참조).

31) BVerfGE 7, 198(203).

32) BVerfGE 7, 198(204).

력을 갖는다. 기본권은 입법, 행정, 사법에 지침(Richtlienien)과 동력(Impulse)이 될 뿐만 아니라, 민법 조항도 당연히 기본권조항과 모순되지 않도록 기본권 정신을 반영하여 해석해야 한다. 이는 독일헌법 제정 이후의 법률뿐만 아니라 헌법제정 이전의 법률이라 할지라도 마찬가지다.[33)]

기본권 가치의 영향력은 강제규범성이나 공공질서의 구성부분으로서 성격을 갖는 사법조항을 통해 미치며, 이 때는 공익상 이유 때문에 법률과 다른 사인간 의사의 합치가 있더라도 이를 배제하고 사인간 법률관계 형성에 강제적인 영향을 미친다. 이런 사법상 규정들은 공법과 유사한 성격을 가질 뿐만 아니라 공법을 보충하는 역할을 한다. 이러한 기본권 가치의 영향력은 주로 독일민법 제826조 같은 일반조항(Generalklauseln)들을 통해 이루어진다. 일반조항들은 특히 법적상황에 대한 평가에 있어서 법외적인 기준, 예컨대 "선량한 풍속(guten Sitten)"같은 것을 기준으로 삼는다. 이 때 개별적인 사건에서 사회적 요구가 무엇인지 결정하는 것은, 당대의 정신적·문화적 발전에 따라서 헌법이 정하고 있는 사회 전체의 가치개념이다. 따라서 민법의 일반조항은 헌법상 기본권이 민법에 영향을 미치는 "출구(Einbruchstellen)"라고 할 수 있다.[34)]

판사는 헌법으로부터 말미암는 의무 때문에 실체적인 민사법 조항들을 앞에서 설명한 방식대로 기본권 가치를 반영하여 적용했는지 판단해야 한다. 그렇게 했다면 민사법조항의 해석과 적용에서 말미암는 민법의 변화, 즉 독일헌법 제1조 제3항의 국가권력(사법권)은 기본권에 구속된 것이다. 그러나 판사가 헌법상 영향력을 배제하여 법률을 해석하고 판단하였다면, 판사는 객관적인 헌법규범을 간과하여 헌법을 위반하였을 뿐만 아니라 판결을 통해 공권력을 행사하는

33) BVerfGE 7, 198(205).

34) BVerfGE 7, 198(206).

주체로서 기본권을 침해한 것이다.[35)]

헌법재판소는 일반법원이 민법영역에서 기본권의 효력을 타당하게 평가하였는지 심사한다. 즉 민법에 대한 기본권의 "파급효과"를 판단하고, 이를 통해 헌법상 가치를 관철시키는 것이다. 헌법소원심판제도는 입법 · 행정 · 사법권의 기본권적합성을 심사하는 것이며, 헌법재판소도 법원의 판결을 기각할 수 있는 최상고심(Supperrevisions-Instanz)이 아니라 기본권 규범의 간과여부만을 판단하는 것이다.[36)]

(3) 법률의 기본권합치적 또는 헌법합치적 해석

법률의 해석에 관한 기본권의 파급효과로서 나타난 구체적인 결과는 소위 법률의 기본권합치적(grundrechtskonforme)[37)] 또는 헌법합치적(verfassungskonforme)[38)] 해석이다. 기본권합치적 또는 헌법합치적 해석은 본래 모든 법영역에 대한 요청이지만, 특히 민사법에 있어서 문제가 된다. 전통적으로 기본권의 효력이 적합하지 않다고 여겨지던 사법관계에 기본권의 영향력을 미치도록 요구하기 때문이다.[39)] 이에 대한 논의가 바로 기본권의 제3자적 효력이다.

(4) 기본권의 제3자적 효력(수평적 효력)

a. 의미

기본권은 국가가 개인의 자유를 제한했을 때, 개인이 국가에 대하

35) BVerfGE 7, 198(206f.).

36) BVerfGE 7, 198(207).

37) Pieroth/Schlink, Grundrechte, Rn.84. 피로트/슐링크는 기본권합치적 해석을 헌법합치적 해석의 한 종류로 보기도 한다(Pieroth/Schlink, Grundrechte, Rn.85).

38) Sachs, GG, vor Art.1, Rn.32.

39) Pieroth/Schlink, Grundrechte, Rn.87; Dreier, GG, Bd.I, Vorb. Rn.96.

여 주장할 수 있고 재판을 통해 보호받을 수 있는 주관적 권리이므로, 원칙적으로 국가와 개인(Staat-Bürger) 사이에서 국가에 대하여 영향력(구속력)을 발휘한다. 그런데 현대 사회에서는 실제로 국가보다 개인에 의한 자유와 권리의 침해가 빈번하게 발생하는데, 그렇다고 기본권이 개인과 개인(Bürger-Bürger) 관계에서도 개인에 대하여 영향력을 발휘할 수 있는지 문제가 된다. 원칙적으로 개인간 자유와 권리에 관한 법적분쟁은 일반법원에서 민사법에 의해 해결된다. 그런데 이러한 사법상 문제에도 기본권이 영향력을 발휘한다는 것이 기본권의 파급효과다.[40] 또한 기본권이 특히 민사법에도 효력을 발휘한다면 어떤 방식으로 발휘할 것인지, 본래 기본권의 수범자(Adressat)인 국가외에 본래 기본권 주체인 私人에게도 기본권의 구속력을 인정하여 기본권의 수범자로 인정할 것인지에[41] 관한 논란이 기본권의 제3자적(또는 對私人的) 효력(Drittwirkung)의 문제다.

b. 직접적 제3자효

먼저 사인간 기본권의 직접적 제3자효를 인정하는 입장은, 헌법상 일련의 기본권은 사회생활의 질서원칙(Ordnungsgrundsätze)으로서 사인간 법률관계에도 직접적 효력을 가지며, 사회적 법치국가원리 측면에서도 기본권조항들은 사법관계에 직접적 효력을 갖게 되는 근거가 될 수 있다고 본다.[42] 또한 독일헌법 제1조 제1항은 인권이 모든 인간공동체의 기초가 된다고 선언했다는 점과, 자유주의적 법치국가에서 사회적 법치국가로 발전하면서 자유에 대한 위협이 이제는 국가뿐만 아니라 중요한 사회적 세력들, 예컨대 대기업, 경제단체, 노동조합, 사용자단체 등으로부터 말미암을 수 있게 되었기 때문에 기

40) BVerfGE 7, 198(207).

41) Pieroth/Schlink, Grundrechte, Rn.173ff.

42) BAGE 1, 185(193f.).

본권의 제3자적 효력을 직접적으로 적용할 수 있다고 주장한다.[43)]

그러나 사인간 기본권 제한의 가능성이 증가하기 때문에 기본권의 효력을 직접적으로 적용할 필요성이 있다는 것과, 헌법조문이나 연혁 또는 헌법의 체계적 해석을 통해서 기본권의 직접적 제3자효를 도출해 내는 것은 다른 문제다.[44)]

c. 직접적 제3자효의 문제점과 간접적 제3자효

기본권의 역사적 측면에서 보면, 기본권의 객관적 성격이 반영되기도 했지만 주로는 국가의 공권력에 대한 주관적인 방어권으로서 발전해 왔음을 부인할 수 없다.

독일헌법 제1조 제1항 제2문에서 인간존엄을 존중하고 보호할 의무는 "모든 국가권력(aller staatlichen Gewalt)"에게 있다. 제1조 제3항에서도 기본권이 직접적인 효력을 갖는 권리로서 그 수범자를 "입법권, 집행권(vollziehende Gewalt), 사법권"으로 규정하고 있다. 제93조 제1항 제4a호 헌법소원은 "공권력 행사로(durch öffentliche Gewalt)" 말미암은 기본권 제한에 대하여 제기할 수 있는 것이다. 독일헌법 제9조 제3항 제2문의 예외적 규정을 제외하고는, 자연인이든 국내私法人이든 私人은 기본권주체가 될 뿐이지, 기본권의 수범자는 아니다.[45)] 이 점은 제2차 세계대전 후 독일헌법 제정사를 보더라도 명백

---

43) Pieroth/Schlink, Grundrechte, Rn.176에서 인용한 호덴베르그(Hodenberg)와 뵈켄푀르데(Böckenförde)의 주장 참조.

44) 기본권의 객관적 측면이나 가치질서로서의 기능은 자유권 중심의 독일기본권이론에서 말미암는 개인의 기본권보호의 흠결을 보충하기 위한 주장(Behauptung)은 될 수 있지만, 기본권의 제3자적 효력이나 국가의 기본권 보호의무를 근거짓는 이유(Begründung)는 되기 어렵다는 견해는 Ekardt, JZ 2007, S.138 참조.

45) Dreier, GG, Bd.I, Art.1 III, Rn.38ff.; Höfling, in: Sachs, GG, Art.1, Rn.83; 111f.; Herdegen, in: Maunz/Dürig, GG, Art.1 Abs.3(2005), Rn.99; Cremer, Freiheitsgrundrechte, 2003, S.417f.; Papier, Drittwirkung der

하다.[46]

독일헌법 전체를 본다면, 제9조 제3항 제2문(노조결성 방해협약의 무효), 제20조 제4항(저항권), 제38조 제1항 제1문 및 제48조 제2항(국회의원선거 출마를 이유로 한 부당한 대우금지)에서 예외적으로 사인에게 기본권의 효력이 미치고 있을 뿐이다.

기본권의 직접적인 제3자효를 인정하게 되면 기본권의 목적과 의미측면에서도 문제가 발생한다. 본래 기본권은 공권력에 대한 자유와 권리를 보장하도록 요구하는 것이다. 예컨대 국가의 불평등한 조치에 대하여 이를 시정하도록 평등권을 주장하는 것이다. 그런데 기본권의 제3자적 효력을 직접적으로 인정하게 되면, 개인은 모든 사람에 대하여 평등한 대우를 요구할 수 있고,[47] 모든 개인은 모든 사람을 평등하게 대우해야 하는 헌법적 의무가 발생하는 것이다. 결국 인간의 자유는 기본권으로 말미암아 더 큰 제한을 받게 된다.[48]

기본권의 효력을 사법적 법률관계에 직접 적용하게 되면, 개인은 법적 안정성을 보장받을 수 없을 뿐만 아니라[49] 법률행위에 있어서

Grundrechte, in: Merten/ders., HGR, Bd.II, §55, Rn.16f.

46) Doemming/Füsslein/Matz, Entstehungsgeschichte der Artikel des Grundgesetzes, JÖR NF/Bd.1, 1951, S.50f.; Cremer, Freiheitsgrundrechte, 2003, S.418f. 참조.

47) 국가에 대한 권리가 개념적으로 국민에 대한 권리로 인정될 수 없다는 것은 Alexy, Theorie der Grundrechte, S.489f. 참조.

48) Pieroth/Schlink, Grundrechte, Rn.175; Cremer, Freiheitsgrundrechte, 2003, S.419. 때문에 입법자가 차별금지법을 통해 사인에게 법률로서 평등권을 준수하도록 제한할 수는 있지만, 이것이 헌법 자체에서 말미암는 것은 아니며(Dreier, GG, Vorb. Rn.100), 유럽법상 기본자유에 있어서도 제3자효가 인정된 차별금지를 적용하는 것은 적절하지 않다(Papier, Drittwirkung der Grundrechte, in: Merten/ders., HGR, Bd.II, §55, Rn.63).

49) Papier, Drittwirkung der Grundrechte, in: Merten/ders., HGR, Bd.II, §55, Rn.20.

큰 제한을 받게 되고, 이로 말미암아 개인의 자유로운 인격발현을 방해받게 된다.[50] 이로써 사적자치(Privatautonomie)라는 사법상 중대한 원리가 위협을 받게 된다.[51]

그 밖에 기본권의 직접적인 제3자효는 권력분립원칙에도 위반이 될 수 있다. 기초적인 규범영역에 관한 모든 본질적 결정은 의회에서 입법자 스스로 결정해야 한다는 본질성이론(Wesentlichkeitstheorie)에 따르면, 기본권을 제한하거나 갈등하는 기본권을 조정하는 것은 본질적인 사항으로서 입법자들이 법률제정을 통해 결정해야 한다. 그런데 기본권의 효력을 직접 민사관계에 적용하게 되면, 판사들이 법률로 정해진 입법자들의 결정내용보다 충돌하는 기본권을 직접 형량하여 민사관계를 판단하게 된다. 이는 결국 입법자들이 정한 기본권조정을 판사들이 결정한 기본권형량으로 대체하기 때문에 권력분립원칙에 위반된다는 것이다.[52]

사인으로부터 제한당하는 기본권의 보호를 위하여 민사관계에도 기본권의 효력을 미치는 것 자체를 거부할 수는 없지만, 앞에서 언급한 이유들 때문에 기본권의 효력은 제3자에게 직접 주장할 수는 없고, 법원 등 국가기관이 특히 私法의 일반조항 등에 관한 법률해석을 통해 간접적으로 사인간 기본권의 효력을 인정한다는 기본권의 간접적 제3자효가 해결책이 될 수 있다.[53]

---

50) Cremer, Freiheitsgrundrechte, 2003, S.420f.

51) Papier, Drittwirkung der Grundrechte, in: Merten/ders., HGR, Bd.II, §55, Rn.18f. 이러한 비판에 대하여 기본권원칙(grundrechtliche Prinzipien)이 모든 민사문제를 해결하는 것이 아니라, 먼저는(prima facie) 법률과 판례, 학설 등에 구속된다는 반론에 대해서는 Alexy, Theorie der Grundrechte, S.492 참조.

52) Papier, Drittwirkung der Grundrechte, in: Merten/ders., HGR, Bd.II, §55, Rn.21.

53) Papier, Drittwirkung der Grundrechte, in: Merten/ders., HGR, Bd.II, §55, Rn.22.

d. 잠정적 평가

일관된 판례와 다수학설은 일반적으로 뤼트판결의 기본입장에 근거하여 기본권 제3자효의 간접적용설을 따른다고 평가된다.[54] 민사법규정은 헌법상 기본권규정에 반해서는 안되며, 특히 판사들은 민법규정을 해석할 때 기본권의 정신을 반영하고, 기본권이 민사분쟁을 직접 해결하는 것은 아니지만 일반규정을 통해 기본권의 내용이 반영되도록 해야 한다는 것이다.

그러나 기본권의 제3자적 효력문제는 실체적·내용적인 기본권의 효력문제와 절차적인 법원에 대한 통제문제가 분명하게 구별되지 않거나[55] 개인의 기본권의 제한이 국가의 조치로부터 말미암는 것인지 아니면 사적자치에 의한 자의에 의한 또는 타의에 의한 결정으로부터 말미암는 것인지 구별하기가 어렵다는[56] 문제가 있다. 그 밖에 제3자효에 관한 직접적용설이든 간접적용설이든 그 결과에 있어서는 큰 차이가 없고, 그 원인은 이론구성방식에 있다는 비판이 있다.[57] 또한 기본권의 제3자효를 방어권적으로 구성할 수도 있고,[58] 보호권적으로 구성할 수도 있지만,[59] 다른 한편 기본권의 제3자효와 기본권의 보호의무간 구별에 있어서 새로운 문제를 제기하기도 한다.[60]

---

54) Pieroth/Schlink, Grundrechte, Rn.181.

55) 대표적으로 Canaris, Grundrechte und Privatrecht, 1999, S.27ff. 참조.

56) Dreier, GG, Bd.I, Vorb, Rn.100.

57) 제3자효에 관한 학설들의 결과적 등가성(Ergebnisäquivalenz)에 대해서는 Alexy, Theorie der Grundrechte, S.481ff. 참조.

58) 예컨대 Poscher, Grundrechte als Abwehrrechte, 2003, S.315ff.

59) 제3자효의 방어권적 구성방식에 관한 구체적인 사례로서 블링크퓨어(Blinkfüer) 결정에 대해서는 Alexy, Theorie der Grundrechte, S.487f. 참조.

60) Dreier, GG, Bd.I, Vorb, Rn.99.

2. 기본권 보호의무

(1) 개념

국가의 기본권 보호의무란 제3자(가해자: Störer)의 행위로 말미암은 기본권 침해로부터 개인(피해자: Opfer)을 보호하고, 그에 대한 적합한 조치를 강구하여 개인의 법익침해를 면하도록 국가에게 일정한 과제로서 부과되는 의무를 의미한다.[61] 입법 · 행정 · 사법에 있어서 기본권 보호의무에 책임있는 국가기관이 이를 위한 조치를 취해야 하는 것이 일반적이지만, 실제로는 주로 입법자에게 보호의무가 발생하며, 넓은 재량이 인정되고 있다.[62]

국가의 기본권 보호의무(grundrechtliche Schutzpflichten)는 일반적인 국가의 보호의무(allgemeine staatliche Schutzpflichten)와 구별하기도 한다. 예컨대 자연재해로부터 보호나[63] 국적에 근거한 외교적 보호는[64] 일반적인 국가의 보호의무에 포함되는 것으로 보기도 한다. 그러나 양자를 큰 차이 없이 같은 것으로 보는 입장도 소수는 아니다.[65]

---

61) Dreier, GG, Bd.I, Vorb, Rn.101. 독일헌법상 국가의 기본권 보호의무에 관한 소개는 정태호, 기본권보호의무, 인권과 정의, 1997.8. 83-109면; 서경석, 국가의 기본권보호의무 비판, 헌법학연구 제9권 제3호, 2003, 393-424면 참조.

62) Dreier, GG, Bd.I, Vorb. Rn.102; Sachs, GG, vor Art.1, Rn.35.

63) Kloepfer, VerwArch 2007, S.163(176). 클뢰퍼(Michael Kloepfer)교수는 국가가 국민을 재해로부터 보호하는 의무는 독일헌법상 사회국가 원리와 법치국가 원리, 환경국가 원리로부터 도출되는 것으로 본다.

64) Calliess, Schutzpflichten, in: Merten/Papier, HGR Bd.II, 2007, §44, Rn.4.; Stern, Staatsrecht, Bd.I, S.258. 외국에서 인질로 붙잡힌 내국인에 대한 보호는 국가의 기본권 보호의무에 포함되지 않는다고 보는 견해는 Kötter/Nolte, DÖV 2007, 186(190f.). 쾨터와 놀테는 외국에서 납치된 독일인에 대한 보호의무는 국제법상 내지 헌법상 국가의 보호의무에서 도출되는 것으로 보고 있다. Kötter/Nolte, DÖV 2007, 186(191ff.).

국가의 기본권 보호의무나 기본권의 제3자적 효력은 모두 기본권의 객관적 내용이라는 측면에서 동일하고, 법원(판사)에게 일정한 의무를 부과한다는 점에서도 양자의 구별에 어려움이 제기된다.[66] 기본권의 제3자적 효력이 주로 판사에게 민사법의 기본권합치적 해석을 요구하는 반면,[67] 기본권 보호의무는 주로 입법자에게 법률의 제정을 통해 기본권(자유권)보호를 해결하도록 한다는[68] 점에서 차이가 인정될 수 있다. 그러나 (간접적 제3자효를 따르면) 사인에 의한 기본권의 침해로부터 개인을 보호하기 위한 것으로 그 수범자를 국가로 본다는 측면에서 양자는 명확하게 구별되기보다, 국가의 기본권 보호의무가 기본권의 제3자적 효력을 포함하는 넓은 개념으로 볼 수 있다.[69]

---

65) 외교적 보호도 국가의 기본권 보호의무에 포함되는 것으로 보는 입장은 Dietlein, Die Lehre von den grundrechtlichen Schutpflichten, 2.Aufl., 2005, S.122ff. 자연재해로부터 또는 외교적 보호 모두 국가의 기본권 보호의무에서 도출되는 것으로 보는 입장은 Szczekalla, Die sogenannten grundrechtlichen Schutzpflichten in deutschen und europäischen Recht, 2002, S.276ff.; Sachs, GG, vor Art. 1, Rn.38 등 참조.

66) 예컨대 BVerfGE 81, 242(255f.). 독일 연방헌법재판소는 소위 대리상(Handelsvertreter) 판결에서 "(기본권 구체화에) 상응하는 헌법의 보호임무가 본 사건에서는 판사에게 주어졌으며, 판사는 계약당사자의 등가성이 무너진(gestörter Vertragsparität) 사건에서는 민사법을 통해 기본권의 객관적 기본결정이 효력을 발휘하도록 해야하며, 이러한 사무는 다양한 방식으로 해결한다"고 판시했다. 그러나 여기서 판사가 행하는 보호임무가 기본권 보호의무에 근거한 것인지, 아니면 기본권의 제3자적 효력을 간접적으로 적용하는 것인지 분명치 않다.

67) Hesse, Verfassungsrecht, Rn.355에서는 기본권의 제3자효의 제1차적 구속자를 私法의 입법자로 보고 있지만, 사법의 입법자(Privatrechtsgesetzgeber)에 대한 기본권의 구속력에 대해서는 논란이 있다. 대표적으로 Cremer, Freiheitsgrundrechte, 2003, S.425ff. 참조.

68) Dreier, GG, Bd.I, Vorb. Rn.102.

69) Sachs, GG, vor Art.1, Rn.32; Papier, Drittwirkung der Grundrechte, in:

(2) 헌법상 근거

독일의 다수견해는 홉스와 로크의 국가사상에 바탕을 두고, 이젠제 (J. Isensee)가 정리한 '국가사무로서 안전보장(Sicherheit als Staatsaufgabe)' 내지[70] 객관적 원리(objetive Prinzipien)로부터[71] 기본권 보호의무 근거를 도출한다. 연방헌법재판소는 국가의 기본권 보호의무에 관한 근거에 관하여 헌법 제1조 제1항 제2문과 제2조 제2항 제1문 사이에서 혼란을 거듭하다가[72] 최근에는 제1조 제1항 제2문으로 굳어진 듯하다.[73]

(3) 기본권 보호의무의 한계

기본권 보호의무의 이행주체를 중심으로 입법권의 보호의무, 집행권의 보호의무, 사법권의 보호의무 등으로 구별할 수 있지만, 각각의 보호의무에 있어서 일정한 한계가 인정된다.[74]

a. 행정권 행사에 있어서 보호의무의 한계

행정부의 경우 기본권의 보호의무에 근거하여 개별적인 보호조치

Merten/ders., HGR, Bd.II, §55, Rn.10. 이러한 입장에 있는 독일 연방헌법재판소의 최근 판례라고 볼 수 있는 것은 BVerfGE 97, 169(175ff.); 104, 65(73) 등을 들 수 있다. 드라이어는 기본권 보호의무가 기본권의 객관적 내용의 핵심으로 자리잡아 가고 있다고 평가했다. Dreier, GG, Bd.I, Vorb. Rn.102.

70) 대표적으로 Isensee, Das Grundrecht auf Sicherheit, Zu den Schutzpflichten des freiheitlichen Verfassungsstaates, 1983, S.5ff. 참조.

71) 대표적으로 Hesse, Verfassungsrecht, Rn.350 참조.

72) 이에 관하여 정문식, 생명윤리법상 국가의 기본권 보호의무, 공법학연구 제8권 제3호, 172-174면 참조.

73) 학계에서는 Stern, Staatsrecht, Bd.IV/1, S.96ff. 참조.

74) 국가의 기본권 보호의무의 한계와 관련해서는 특히 Dietlein, Die Lehre von den grundrechtlichen Schutzpflichten, 2.Aufl., 2005, S.IV(Vorbemerkungen zur 2.Auflage)ff. 참조.

를 취하고자 할 때에도 반드시 구체적인 법률에 근거해야 하는 법률유보원칙의 한계가 있다. 예컨대 해로운 글리코겔 함유 포도주에 대한 국민의 건강보호를 위해,[75] 또는 위험한 이단 종교로부터 국민의 보호를 위해[76] 그 명단을 공개하고 경고하는 것은 그 목적이 국민의 (기본권)보호라 할지라도 구체적인 법률에 근거가 없이 단지 국가의 권한에 의해서만 적법성이 인정될 수는 없다.[77]

b. 사법권 행사에 있어서 보호의무의 한계

법원도 법률의 해석과 적용을 통해서 개인의 기본권 보호를 위한 노력을 해야하지만, 그러한 노력이 구체적인 법률규정 자체로부터 벗어날 수는 없다. 독일헌법 제20조 제3항에 근거하여 판사들은 최소한 법률에 구속되기 때문이다. 또한 민법규정에 흐르고 있는 사적자치의 원리를 완전히 부정하거나 심하게 왜곡하는 것도 인정되기 어렵다. 기본권이 민법규정에 파급효과를 미치는 것과 사적자치를 헌법으로 대체하는 것은 다르다.[78]

c. 입법권 행사에 있어서 보호의무의 한계

입법자가 구체적인 법률제정을 통해 기본권 보호의무를 이행할 때에도 일반적으로 가해자(Störer)의 기본권을 제한함으로서 피해자(Opfer)의 기본권을 보호하게 되므로(소위 "제한을 통한 보호(Schutz

75) BVerfGE 105, 252 - Glykol.

76) BVerfGE 105, 279 - Osho.

77) Dietlein, Die Lehre von den grundrechtlichen Schutzpflichten, 2.Aufl., 2005, S.VIff. 물론 연방헌법재판소는 그럼에도 불구하고, 양 판결에서 각각 사업자들의 재산권 제한이나 이단 종교단체의 종교의 자유에 대한 제한을 인정하지 않았다. 이 판결들에 대한 비판은 Murswiek, NVwZ 2003, S.1ff.; Huber, JZ 2003, S.290ff. 등 참조.

78) Dietlein, Die Lehre von den grundrechtlichen Schutzpflichten, 2.Aufl., 2005, S.IVff.

durch Eingriff)"),[79] 법률제정으로 말미암아 기본권을 제한당하는 개인 편에서 다시 법률에 대한 기본권침해여부를 심사하게 된다. 예컨대 9.11.테러처럼 민간여객기 탈취를 통한 공중테러로부터 지상 시민들의 생명보호를 위하여 최후의 수단으로서 여객기 격추를 인정할 때에도, 그로 인한 여객기 내 인질들의 생명권과 인간존엄이 제한되는지 여부를 판단하여야 한다.[80] 또한 입법자의 기본권 보호의무 존부(Ob)에 대해서는 헌법재판소가 심사할 수 있지만, 이행방법(Wie)에 대해서는 입법자의 광범한 재량이 인정되기 때문에 이에 대한 헌법재판소의 강력한 심사는 기대하기 어렵다.

(4) 기본권 보호의무 위반심사기준으로서 과소보호금지

국가의 기본권 보호의무 위반여부를 심사하는 기준으로서 연방헌법재판소가 발전시켜온 것은 과소보호금지(Untermaßverbot)원칙이다. 연방헌법재판소가 제2차 낙태판결에서 상당히 자세하게 설명하는 바에 따르면, 국가는 보호의무가 있는 기본권에 대하여 그 자체로서 효과적인 적절한 보호를 제공해야 한다. 이를 위한 보호조치는 세심한 사실관계의 조사와 그에 대한 타당한 평가를 근거로 결정된 것으로, 기본권을 적절하고 효과적으로 보호(angemessener und wirksamer Schutz)해야 하는 것이다.[81]

그러나 연방헌법재판소는 과소보호금지가 구체적으로 무엇을 요구하는지, 어떤 내용인지에 대해서는 여전히 미정상태로 남겨두고 있다. 오히려 과소보호금지라고 언급하면서도, 명백성통제(Evidenzkontrolle) 정도에 해당하는 심사기준 즉, 첫째 국가가 아무런 조치를 취하지

---

79) 이에 대해서는 Wahl/Masing, JZ 1990, S.553ff. 참조.

80) 소위 항공안전법(Luftsicherhietsgesetz) 위헌결정(BVerfGE 115, 118))에 대해서는 정문식, 독일항공안전법 제14조 제3항에 관한 독일연방헌법재판소 판결에 대한 분석과 평가, 전남대 법학논총, 제26집, 2006, 71-102면 참조.

81) BVerfGE 88, 203(254f.).

않았거나, 둘째 일정한 보호조치를 취했지만 관련 기본권 보호를 위하여 전적으로 부적합하거나 또는 명백하게 불충분한 경우에 국가의 기본권 보호의무를 위반한 것으로 평가한다. 이 때문에 과소보호금지원칙의 내용을 새롭게 구성하려는 시도가 있지만,[82] 아직은 성공하지 못한 것으로 보인다.

과잉금지원칙(또는 비례원칙)과 관계성에 대해서도, 첫째 과잉금지원칙은 입법자가 '법률로' 정한 목적과 수단을 기준으로 양자의 관계를 파악하지만, 과소금지원칙은 '헌법상' 도출되는 보호목적을 기준으로 파악한다는 의미에서 양자를 구별한다.[83] 둘째 과잉금지원칙은 국가의 작위를 심사하며 가능한 국가가 부작위(Passivität)에 머물도록 지향하는 반면, 과소금지원칙은 주로 국가의 부작위를 심사하여 국가가 능동적으로 개입하도록(Aktivität) 지향하는 측면에서 다르다고 주장한다.[84] 그러나 부작위와 작위의 구별은 상대적인 것이며,[85] 국

---

82) 예컨대 Michael, JuS 2001, S.148(151f.); Calliess, JZ 2006, S.321(329f.); ders., Schutzpflichten, in: Merten/Papier, HGR, Bd.II, §44, Rn.29ff.; ders., Die Leistungsfähigkeit des Untermaβverbots als Kontrollmaβstab grundrechtlicher Schutzpflichten, in: FS für Christian Starck, 2007, S.201(210ff.) 등 참조. 과잉금지원칙과 비교하면, 침해되는 개인의 이익에 대하여 국가의 보호조치(Schutzmaβnahme)가 존재하는가 여부를 전제로 보호조치가 있다면, 첫째 보호조치가 관련 기본권을 보호하는데 적합한가(적합성), 둘째 보호조치가 적합하다면, 제3자의 기본권이나 기타 공익에 더 부담을 주지 않고 더욱 효과적으로 관련 기본권을 보호할 수 있는 다른 대안이 없는가(효율성), 셋째 다른 대안이 없다면, 보호조치가 상충하는 법익간 형량을 적절하게 하였는가(적절성)를 심사한다. 구체적인 내용은 정문식, 생명윤리법상 국가의 기본권 보호의무, 공법학연구 제8권 제3호, 2007, 178-180면 참조.

83) Dietlein, ZG 1995, S.131(136f.).

84) Merten, Grundrechtliche Schutzpflichten und Untermaβverbot, in: GS für Joachim Burmeister, 2005, S.227(239).

85) Schwabe, JZ 2007, S.135f.

가조치의 목적과 수단이 법률에서 규정된다는 것과 헌법으로부터 도출된다는 것이 구체적으로 구별의 실익을 정당화하거나 과소금지의 독자적인 내용구성에 도움을 줄 수 있는지 의문이다. 입법목적과 수단의 관계가 법률에 근거한다고 해도, 결과적으로는 헌법에서 도출되고 헌법안에서 평가되기 때문이다.[86] 다른 한편 효율적인 보호조치를 찾아내는 것도 결국은 협의의 비례원칙에 의할 때 가능하기 때문에 형량을 한다는 점에서는 과잉금지원칙과 차이가 없는 것으로 볼 수도 있다.[87]

(5) 잠정적 평가

종종 과소보호금지원칙은 (피해자의) 기본권 보호를 위한 입법자의 법률제정에 요구되는 최저수준(Untergrenze 또는 Mindestmaβ)을 정하고, 과잉금지원칙은 (가해자의) 기본권 보호를 위해 허용되는 최대수준(Höchstmaβ)을 규정한다고 본다. 그러나 입법자의 기본권 보호의무 실현을 위한 최대한의 노력이 결국 과잉금지원칙에 의한 제한선에서 한계에 다다르거나, 소위 피해자와 가해자의 이익간 형량을 통해 해결되어야 한다면, 실제로 기본권보장을 위한 국가의 노력에 대한 최저선만을 정하는 과소보호금지원칙으로부터 새로운 내용이 도출된다거나 이를 과잉금지원칙과 분리하여 독자적으로 다룰 실익은 적은 것으로 보인다.[88]

---

86) 이 때문에 국가조치의 목적과 수단의 필요성심사가 헌법적 차원과 법률적 차원에서 이루어진다고 구별론을 제기했던 디트라인(J. Dietlein) 교수 자신도 최근 박사논문 2판 서문에서는, 결과적으로 과소금지원칙의 구체적인 내용에 있어서는 여전히 불분명함을 인정하고 있다. Dietlein, Die Lehre von den grundrechtlichen Schutzpflichten, 2.Aufl., 2005, S.III 참조.

87) Pieroth/Schlink, Grundrechte, Rn.297a; Schulze-Fielitz, in: Dreier, GG, Bd.II, Art. 20(Rechtsstaat), Rn.198.

88) Stern, Staatsrecht Bd.III/2, S.813f.

3. 조직과 절차의 보장으로서 기본권

(1) 기본권 보장에 있어서 조직과 절차의 의미

집회의 자유에 관한 중요 판결 중 하나인 브록도르프(Brokdorf) 결정에서 연방헌법재판소는, "기본권은 실체적 권리의 형성에 영향을 미칠 뿐만 아니라, 기본권보호에 맞는 조직과 절차를 형성했는지 또는 기존의 절차규정들을 기본권에 유리하게 적용하는지에 대한 기준을 제공한다"고[89] 설시했다. 실체적 기본권의 내용이 아무리 잘 정비되어 있어도, 실체적 기본권 보장을 위한 조직과 절차가 제대로 마련되어 있지 않으면 실체적 기본권은 그 가치를 상실할 수밖에 없다.

국립대학의 조직과 운영은 교수들의 학문의 자유 및 학생들의 학습권 내지 직업교육의 자유에 실질적인 영향을 미친다.[90] 공영방송제도와 조직 역시 국민들의 표현의 자유와 알권리 등에 중대한 영향을 미치는 것이다.[91] 이러한 조직체(Organisation)들은 그 자체로서, 예컨대 대학의 자유 또는 방송의 자유 등에 관한 기본권을 주장할 수 있지만, 국민들의 기본권 행사와 관련하여 깊은 관계성을 맺는다는데 특징이 있다. 특히 대학이나 방송의 조직과 운영의 문제는, 대학이나 방송에 참여해서 기본권을 행사하려는 개인에게 있어서 "기본권 보장을 위한 국가의 조직구성 능력"이 문제가 된다.[92]

(2) 조직 및 절차와 기본권의 관계

조직이나 절차에 대하여 기본권이 관계를 형성하는 경우는 다양하지만 대략 네 가지 측면에서 살펴 볼 수 있다.[93] 첫째는 기본권적

89) BVErfGE 69, 315(355).

90) BVerfGE 35, 79(120ff.).

91) BVerfGE 57, 295(319ff.).

92) Dreier, GG, Bd.I, 2.Aufl., 2004, Vorb. Rn.106.

인 조직과 절차보장(grundrechtliche Organisations- und Verfahrensgewährleistungen) 즉 특정 조직이나 절차를 기본권으로서 보장하고 있는 경우다. 예컨대 독일헌법 제19조 제4항의 권리구제의 보장이나 제101조 이하의 법원에 관한 司法上 또는 절차적 기본권(Justizgrundrechte/Prozeβgrundrechte)이 여기에 속한다. 절차적 기본권은 실체적 기본권 뿐만 아니라 일반 법률상 권리도 보호하는 기능을 한다.

둘째는 조직과 절차 속에서 발생하는 기본권침해로부터 기본권을 보호해야 하는(Grundrechtsschutz in Organisation und Verfahren) 경우다. 조직 내에서 또는 일정한 절차 중에 기본권을 침해당하는 경우, 예컨대 행정절차 중에 진술의무(Aussagepflichten)의 범위가 얼마나 인정될 수 있는지, 공법상 단체에 강제로 가입하는 의무가입으로부터 얼마나 보호될 수 있는지 등이 문제될 때, 기본권은 절차나 조직과 관련된다.

셋째는 특별한 절차적 요소를 갖는 기본권(Grundrechte mit speziellen Verfahrenskomponente)의 경우다. 실체적 기본권의 내용 외에 절차적 보호조치가 기본권의 구성요건(Grundrechtstatbestände)으로 규정된 것인데, 예컨대 독일헌법 제13조의 주거불가침 가운데 주거의 수색이나 감청에 대해서는 판사의 명령이나 영장을 요구하거나, 제104조의 체포 등 신체의 자유에 대한 제한의 경우 역시 판사의 결정을 요구하는 소위 판사유보(Richtervorbehalt)가 여기에 속한다. 또한 제10조의 서신이나 우편, 전신 등 통신의 비밀을 제한하는 경우에 일반적인 법원을 통한 보호조치 대신에 "의회가 임명하는 기관과 보조기관으로 하여금 심사"함으로서 절차적 보장을 하는 경우도

---

93) 여기서는 Schmidt-Aβmann, Grundrechte als Organisations- und Verfahrensgarantien, in: Merten/Papier, HGR, Bd.II, §45 Rn.1ff.에 근거하였다.

마찬가지이다.

넷째는 가장 논란이 되고 학자들의 연구대상인 조직과 절차를 통한 기본권보장(Grundrechtsschutz durch Organisation und Verfahren)의 경우다. 실체적 기본권이 조직과 절차에 대하여 아무런 언급이 없다면, 실체적 기본권보장을 위한 조직과 절차 측면에서 보호조치는 얼마나 가능한 것인지가 문제다. 여기서 이에 대하여 일반적으로 언급하기는 어렵다.[94] 다만 앞에서 언급한 대학과 방송의 경우를 예로 든다면, 조직과 절차에 관한 규율은 개인의 학문의 자유나 표현의 자유를 실제로 보장하거나 또는 기본권 보장을 강화하는 중요한 도구가 된다. 그러나 대학이나 방송의 조직과 절차문제를 국가에 대한 방어권 내지 자유권이나 급부권으로 해결하기가 어렵다. 오히려 국가가 개인의 기본권실현을 위하여 적극적으로 대학과 방송에 관한 인프라구조를 만들고, 이와 관련된 규율을 정립해야 하는 것이다. 이 때문에 조직과 절차를 통한 기본권보장은 기본권의 객관적 성격 내지 파급효과로서 다루어지고,[95] 대학이나 방송과 관련된 조직구성과 운영에 있어서는 입법자들의 형성재량이 넓게 인정된다.[96]

4. 제도보장

(1) 연혁

바이마르공화국헌법 제2편은 "독일인의 기본권과 기본의무"로 규정되어 있다. 하지만 여기에는 개인의 주관적 기본권(제1장) 외에 공동생활(제2장), 종교와 교회(제3장), 교육과 학교제도(제4장), 경제생활

94) 조직과 절차보장을 위한 기본권 문제에 대해서 더욱 자세한 논의를 위해서는 Schmidt-Aβmann, Grundrechte als Organisations- und Verfahrensgarantien, in: Merten/Papier, HGR, Bd.II, §45를 참조 바람.

95) Sachs, GG, 3.Aufl., 2007, vor Art.1, Rn.34.

96) BVerfGE 35, 79(120).

(제5장) 등이 규정되어 있다. 슈미트(C. Schmitt)는 이들 가운데 예컨대 바이바르공화국헌법 제127조의 지방자치단체(Gemeinde)의 자치행정(Selbstverwaltung)에 관한 권한에 대하여, 과거 1849년의 프랑크푸르트헌법 제184조에서는 이를 지방자치단체의 기본권이라고 일컬었지만, 이는 실제적인 의미의 기본권과는 구별되는 "제도적 보장(institutionelle Garantie)"이라고 설명했다.[97] 그 밖에 제도적 보장으로서 특별법원의 금지(제105조), 가족생활의 기초로서 혼인(제119조), 주일휴식권(Sonntagsruhe: 제139조) 등을 열거했다. 다만 사유재산제도(Privateigentum)와 관련해서는 바이마르공화국헌법이 사유재산제를 제도(Institution)로서 보장하는데 그 의미는, (자연권적 기본권사상에 근거한 슈미트에게 있어서) 개인의 자유는 제도일 수 없기 때문에 사유재산은 사회질서 속에 존재하는 자연권이지만, 단순한 법적 제도(Einrichtung)로서도 파악할 수 있다는 것이다.[98]

(2) 개념

일반적으로 지방자치행정이나 직업공무원제 등을 공법상 제도적 보장(öffentlich-rechtliche institutionelle Garantie), 혼인이나 가족 내지 사유재산제나 상속권을 사법상 제도(privatrechtilche Institut)라고 구분한다.[99] 슈미트가 기본권과 제도적 보장을 구분한 반면 헤벌레(P.

97) Schmitt, Verfassungslehre, 9.Aufl., 2003, S.170ff. 참조.

98) Schmitt, Verfassungslehre, 9.Aufl., 2003, S.171f.

99) Dreier, GG, Bd.I, 2.Aufl., 2004, Vorb. Rn.107. 클뢰퍼는 슈미트적인 제도보장과 제도적 보장의 구별은 큰 의미가 없고, 대신 기본권적 제도보장(grundrechtliche Einrichtungsgarantie) 비기본권적 제도보장(nicht-grundrechtliche Einrichtungsgarantie)의 구별이 의미가 있는 것으로 본다. 제도종류에 따른 보장내용 간에는 우열이 없지만, 제도보장의 내용이 주관적 자유권과 부분적으로 중첩되는 경우 기본권적 제도보장이라 할 수 있다. 기본권의 주관적 내용과 객관적 내용이 일치한다면 기본권적 제도보장은 더 이상 고려되지 않고, 비기본권적 제도보장은 그와 관련 없이

Häberle)는 기본권이 국가의 법질서 속에서 실현될 수 있기 때문에, 자유라는 것은 제도화된 법적 개념으로 파악되어야 한다는 소위 제도적 기본권이론(institutionelle Grundrechtstheorie)를 전개했다.[100] 최근 제도적 보장에 관한 학위논문들은[101] 제도적 보장과 제도보장의 구별 대신 클라인(F. Klein)의 교수자격논문에[102] 사용되었던 제도보장(Einrichtungsgarantie)이란 개념을 사용하고 있는데, 슈미트적 제도보장이 기본권과 구별된 것을 전제로 한다면, 현재 점차 일반적으로 사용되는 제도보장은 기존의 제도적 보장과 제도보장을 포괄하는 개념으로서 법제도(Rechtseinrichtung)를 전제로 하거나,[103] 기본권의 객관적 측면이 나타나는 형식(Form)으로 이해하는데서 차이가 있는 것으로 보인다.[104]

언제나 고려될 수 있는 것이다. Stern, Staatsrecht Bd.III/1, S.873ff.; Kloepfer, Einrichtungsgarantien, in: Merten/Papier, HGR, Bd.II, §43, Rn.29.

100) Häberle, Die Wesensgehaltsgarantie des Artikels 19 Abs. 2 Grundgesetz, 3.Aufl., 1983, S.70ff. 그러나 자유를 제도화하는 것은 자유의 내용이 입법자들에 의해 결정된다는 위험을 내포하게 된다. Schmidt, Öffentliches Wirtschaftsrecht, 1989, S.99.

101) 예컨대 Mager, Einrichtungsgarantien, 2003;

102) Klein, Institutionelle Garantien und Rechtsinstitutsgarantien, 1934, S.148ff.

103) Stern, Staatsrecht Bd.III/1, S.785

104) Starck, GG, Bd.1, Art.1 Abs.3, Rn.171ff.; Kloepfer, Einrichtungsgarantien, in: HGR, Bd.II, §43, Rn.2. 특히 클뢰퍼(M. Kloepfer)는 제도보장(Einrichtungsgarantie)은 제도적 보장(institutionelle Garantien)과 제도보장(Institutsgarantien)을 포괄하는 개념으로 사용하고, 헌법이 점차 강하게 보장하는 법적 · 사실적 형상(Gebilde)으로서, 독자적 가치를 갖고 앞으로 계속 유지되고, 법적으로 뿐만 아니라 사회적으로도 영향력을 갖고 관철될 수 있는 것으로 보고 있다. Kloepfer, Einrichtungsgarantien, in: HGR, Bd.II, §43, Rn.28.

(3) 내용

이러한 제도적 보장이론은 제도의 내용적 형성에 있어서 입법자들의 형성재량권을 제한함으로서 기본권의 효과를 강화하려는 것이었다.[105] 제도라고 하는 것은 기본권과 달리 국가이전(vor Staat)에 전제되는 것이 아니라 국가를 전제로 국가내(innerhalb Staat)에서 존재하게 된다. 이러한 제도는 자유권적인 기본권을 직접 보장하는 것은 아니지만, 개인의 주관적 권리와 관련이 있는 것이다. 따라서 입법자가 법률을 통해 제도를 개선하더라도 자의적으로 처분하거나 형해화시킬 수 없는 것이다. 특히 입법자가 기존의 제도를 근본적으로 변화시키려고 하는 것을 사전에 방지하는 상태보호(Bestandschutz)를 지향한다는 점에서 다른 헌법상 보장들과 구별된다.[106] 여기서 상태보호는 현재 상태(Status quo)를 보호하는 것이 아니라 제도의 특성상 규범적인 핵심영역(normative Kernbereiche)을 보호하는 것이다.[107]

(4) 논란

제도보장이론은 어느 정도 기본권의 객관적 성격의 선구자 역할을 했지만, 현재는 그 의미가 변화되어 발전하고 있기 때문에 실제적 의미에 있어서 논란이 있다. 예컨대 연방헌법재판소가 처음에는 제도보장에 관한 언급을 자주 했지만 현재는 명시적으로 제도보장에 관한 언급이 드문 상황이고, 앞에서 언급한 "조직과 절차"를 통한 기본권 보호 문제 때문에 그 의미가 감소했다고 보는 입장이[108] 있는

105) Kloepfer, Einrichtungsgarantien, in: HGR, Bd.II, §43, Rn.40.

106) Kloepfer, Einrichtungsgarantien, in: HGR, Bd.II, §43, Rn.20.

107) Schmitt, Freiheitsrechte und institutionelle Garantien, in: ders. Verfassungsrechtliche Aufsätze aus den Jahren 1924-1954, 4.Aufl., 2003, S.155ff.; Kloepfer, Einrichtungsgarantien, in: HGR, Bd.II, §43, Rn.31.

108) Dreier, GG, Bd.I, Vorb. Rn.108.

가 하면, 그렇게 판단할 하등의 이유가 없다고 단호하게 반대하는 입장도[109] 있다.

제도보장을 인정한다 하더라도 제도보장의 내용에 있어서 기본권 조항들이, 예컨대 제5조 제2항의 언론의 자유와 제5조 제3항의 대학의 자유에 있어서, 주관적 기본권의 내용 외에도 객관적 제도를 보장하는 것으로 해석되어야 하는지 논란이 있다. 일부는 자유언론(freie Presse)제도나 대학을 제도로서 보장되어야 한다고 보지만,[110] 다른 견해는 자유언론제도는 하나의 사회적 소견(Befund)일 뿐 사법상 또는 공법상 제도는 아니라고 보며, 대학도 직업공무원제와 달리 제5조 제3항에 명시적으로 언급된 것은 아니라고 본다.[111] 그 밖에도 언론, 방송, 영화, 예술, 결사와 임금협상체제 등에 관한 기본권조항에 대해서도 제도보장이론을 확장하는 문제가 주로 논란이 된다.[112]

(4) 잠정적 평가

조직(Organisation)과 제도(Einrichtung)의 관계설정이 어떻게 이루어질지 관심을 가지고 볼 수 있는 부분이다. 그러나 무엇보다도 기본권은 주로 개인적이고 국가에 대한 방어권적 성격을 갖는 것이며, 제도보장은 이러한 주관적인 법적지위를 부수적으로 강화하는데 그 의미가 있는 것이지, 기본권을 제한하는 것으로 해석되어서는 안된다.[113] 따라서 기본권의 주관적 권리내용이 제도보장을 통해서도 보충될 수는 있지만, 제도보장이 기본권의 주관적 권리 내용을 대체할

109) Sachs, GG, vor Art. 1, Rn.30.

110) Degenhart, in: Dolzer/Vogel/Graßhof, GG, Art.5 Abs.1 u. 2, Rn.11, 55ff.

111) Pieroth/Schlink, Grundrechte, Rn.72.

112) 이에 대해서 상세한 내용은 Stern, Staatsrecht Bd.III/1, S.832ff.; Kloepfer, Einrichtungsgarantien, in: HGR, Bd.II, §43, Rn.82ff. 등 참조.

113) Kloepfer, Einrichtungsgarantien, in: HGR, Bd.II, §43, Rn.43.

수는 없다.[114)]

Ⅲ. 우리나라에서 의미와 실제

1. 기본권의 이중적 성격과 객관적 내용의 재주관화?

기본적으로 헌법재판소는 기본권의 이중적 의미를 인정하고 있다.[115)] 그러나 객관적 법규범으로서 영토조항을 주관적 기본권으로 인정하는 것은 유의해야 한다. 예컨대 공간적 존립기반으로서 영토조항을 근거로 기본권보장의 실질화를 위하여 "영토권"을 인정한 것은[116)] 문제가 될 수 있다. 특히 객관적인 기본권 내용의 주관화 문

---

114) Starck, GG, Bd.1, Art.1 Abs.3, Rn.171ff.

115) "국민의 기본권은 국가권력에 의하여 침해되어서는 아니된다는 의미에서 소극적 방어권으로서의 의미를 가지고 있을 뿐만 아니라, 헌법 제10조에서 국가는 개인이 가지는 불가침의 기본적 인권을 확인하고 이를 보장할 의무를 진다고 선언함으로써, 국가는 나아가 적극적으로 국민의 기본권을 보호할 의무를 부담하고 있다는 의미에서 기본권은 국가권력에 대한 객관적 규범 내지 가치질서로서의 의미를 함께 갖는다. 객관적 가치질서로서의 기본권은 입법·사법·행정의 모든 국가기능의 방향을 제시하는 지침으로서 작용하므로, 국가기관에게 기본권의 객관적 내용을 실현할 의무를 부여한다." 헌재 1995.6.29, 93헌바45, 7-1, 873(879-880).

116) 국민의 개별적인 주관적 기본권을 실질적으로 보장하기 위해서는 경우에 따라서는 객관적인 헌법질서의 보장이 전제되지 않으면 안되는 상황을 상정해 볼 수 있다. 그 예로서, 헌법 제3조의 영토조항은 우리나라의 공간적인 존립기반을 선언하는 것인바, 영토변경은 우리나라의 공간적인 존립기반에 변동을 가져오고, 또한 국가의 법질서에도 변화를 가져옴으로써, 필연적으로 국민의 주관적 기본권에도 영향을 미치지 않을 수 없는 것이다. 이러한 관점에서 살펴본다면, 국민의 개별적 기본권이 아니라 할지라도 기본권보장의 실질화를 위하여서는, 영토조항만을 근거로 하여 독자적으로는 헌법소원을 청구할 수 없다할지라도, 모든 국가권능의 정당성의 근원인 국민의 기본권 침해에 대한 권리구제를 위하여 그

제는 쉽게 인정될 것은 아니기 때문이다. 물론 헌법재판소도 영토권을 독자적인 기본권으로 인정하는 것 같지는 않으며, 주관적 기본권 보장을 위하여 "간주"한 것으로 보인다. 당해 사건에서 헌법소원심판 청구의 적법성에서 이를 용인하고 싶었다면, 오히려 한일어업협정체결로 인한 청구인 선장의 직업행사의 자유에 대한 구체적인 기본권 침해의 직접성을 인정하는 것이 더 합리적이지 않았는가 판단된다.

2. 기본권의 제3자적 효력

헌법재판소가 기본권의 객관적 내용을 구체적으로 인정하는데 있어서는 독일과 차이가 있다. 예컨대 기본권의 제3자적 효과를 인정하는데 있어서는 아직 소극적이다. 여기에는 두 가지 장애가 존재하는 것으로 보인다. 첫째는 헌법상 근거 문제로서, 우리 헌법 자체가 기본권의 제3자적 효력을 직접 인정하는 조항을 두고 있지 않다. 일부에서는 헌법 제21조 제4항, 헌법 제33조 등을 직접적인 기본권의 제3자효를 인정할 수 있는 근거로 언급하지만, 제33조는 독일헌법 제9조 제3항 제2문과 분명히 다르고, 제21조 제4항도 주의규정으로 볼 수 있을 뿐이다. 둘째, 절차적 문제로서, 기본권의 제3자효는 주로 법원의 법률해석을 통한 기본권보호에 대한 통제이다. 그런데 우리 헌법소원심판의 대상에는 독일과 달리 재판이 포함되어 있지 않다(헌법재판소법 제68조 제2항). 따라서 절차적으로 법원의 재판을 통한 간접적인 기본권의 제3자효도 관철시키기가 어렵다. 법률에 대한 재판소원이 인정되지 않는 한, 아직은 법원에서 자발적으로 일반조항 해석 시 기본권의 효력도 고려하여 적용하고 판단해주길 기대할 수밖에 없다.

전제조건으로서 영토에 관한 권리를, 이를테면 영토권이라 구성하여, 이를 헌법소원의 대상인 기본권의 하나로 간주하는 것은 가능한 것으로 판단된다." 헌재 2001.3.21, 99헌마139, 13-1, 676 (694-695).

3. 국가의 기본권 보호의무

국가의 기본권 보호의무와 그 심사기준으로서 과소보호금지원칙은 점차 판례에서 자주 그 모습을 볼 수 있다.[117] 그러나 독일처럼 보호조치를 취했는지 여부와 보호조치가 기본권보호에 명백하게 부적합하거나 불충분하지 않은가 정도로만 국가의 기본권보호의무 위반여부를 판단한다면, 실제로 국가의 기본권보장을 위한 노력을 어느 정도 통제할 수 있을지 의문이다.[118] 또한 과소보호금지기준에 대한 회의론자들의 지적처럼, 헌법재판소가 결국 과소보호금지기준을 적용하면서도 충돌하는 법익간 형량을 하게 된다면,[119] 과잉금지원칙을 적용하는 경우와 구별할 의미가 사라지게 된다.

독일이론과 달리 생각해 볼 수 있는 것은, 첫째, 우리 헌법상 기본권은 자유권만을 의미하는 것은 아니므로 사회권의 경우에도 기본권 보호의무를 통한 과소보호금지원칙 심사를 적용할 수 있다.[120] 둘째, 법원의 "법률해석문제"가 법원의 확립된 판례를 통해 "법률조항 자체에 대한 위헌성문제"로 전환되면, 헌법소원심판의 대상이 될 수 있고, 이와 관련하여 헌법재판소는 아주 제한적으로나마 법원의

---

117) 지난 2008년 12월 26일 "미국산 쇠고기 및 쇠고기 제품 수입위생조건 위헌확인"결정(헌재 2008.12.26, 2008헌마419) 뿐만 아니라, 민법 제762조 태아의 손해배상청구권에 관한 결정(헌재 2008.7.31, 2004헌바81, 공142, 1032면 이하)과 공직선거법상 확성기 사용에 따른 소음제한기준 부재의 위헌성에 관한 결정(헌재 2008.7.31, 2006헌마711, 공142, 1146면 이하)도 그러하다.

118) 예컨대 정문식, 형성 중인 생명에 대한 국가의 기본권 보호의무, 법학논총(전남대) 제28집 제2호, 2008, 398-401면 참조.

119) 헌재 2008.7.31, 2006헌마711, 공142, 1146(1150). 다수견해 뿐만 아니라 조대현 재판관의 별개의견(1151면), 반대의견(1152-1153면)도 결국에는 충돌하는 법익간 형량을 통해 결론을 달리하는 것으로 보인다.

120) 상기 공선법상 확성기 사용 소음제한기준에 관한 결정도 환경권에 대한 국가의 보호의무를 적용한 것이다.

법률해석에 있어서 기본권의 제3자적 효력문제, 국가(사법권)의 기본권 보호문제를 논의할 수 있지 않을까 예상해 본다.[121]

4. 제도보장

본래 제도보장이 바이마르헌법상 법률에 근거한 기본권제한이 용이한 상황 때문에, 기본권보호의 강화를 위해서 제기되었던 것이라 현재 제37조 제2항을 통해 강하게 기본권을 보장하고 있는 우리나라의 상황에선 제도보장이 얼마나 의미를 가지게 될지는 의문이다. 헌법재판소는 언론의 자유에 있어서 소위 "자유신문제도"를[122] 인정하였다. 그러나 이러한 자유신문제도가 청구인들의 신문의 자유를 보장하는 방향으로 인정된 것인지는 불확실하다. 자유신문제도를 인정하면서도 신문의 다양성보장을 위하여 신문의 자유를 제한할 수 있다면 제도보장이 기본권보호에 얼마나 기여했는지 의문이다.

---

121) 정문식, 형성 중인 생명에 대한 국가의 기본권 보호의무, 법학논총(전남대) 제28집 제2호, 2008, 391-393면 참조.

122) 신문의 자유는 개인의 주관적 기본권으로서 보호될 뿐만 아니라, '자유신문'이라는 객관적 제도로서도 보장되고 있다. 객관적 제도로서의 '자유신문'은 신문의 사경제적 · 사법적(私法的) 조직과 존립의 보장 및 그 논조와 경향(傾向), 정치적 색채 또는 세계관에 있어 국가권력의 간섭과 검열을 받지 않는 자유롭고 독립적인 신문의 보장을 내용으로 하는 한편, 자유롭고 다양한 의사형성을 위한 상호 경쟁적인 다수 신문의 존재는 다원주의를 본질로 하는 민주주의사회에서 필수불가결한 요소가 된다." 헌재 2006.6.29, 2005헌마165, 18-1하, 337(385).

제4장

기본권의 주체와 수범자

CHAPTER 4

Ⅰ. 기본권의 주체

기본권의 주체문제는[1] 헌법상 기본권조항의 귀속주체가 누구인가, 누가 기본권을 행사할 수 있는 권한이 있는가를 다루는 것이다. 기본권이 자연권이나 인권역사에 기초하고 있기 때문에 당연히 자연인은 기본권의 주체이며, 이것이 원칙적이고 일반적인 경우다. 그러나 독일헌법은 자연인 외에 법인의 기본권 주체성에 대해서도 규정하고 있다. 헌법소원심판은 기본권 주체만 청구할 수 있기 때문에, 기본권의 주체여부는 헌법소원심판에 있어서 적법요건상 중요한 문제에 해당한다.[2] 여기서는 기본권 주체성이 문제되는 부분을 중심으로 다

1) 기본권의 주체 문제는 기본권향유능력(Grundrechtsberechtigung), 기본권주체(Grundrechtsträgerschaft), 기본권능력(Grundrechtsfähigkeit), 기본권주체성(Grundrechtssubjektivität) 등의 제목 하에서 다루어지고 있는데, 모두 같은 의미로 볼 수 있다.

2) Pieroth/Schlink, Grundrechte, Rn.106.

룬다.

1. 자연인

(1) 독일인과 외국인

앞에서[3] 이미 서술했듯이 독일헌법상 기본권은, 기본권이 인정되는 주체와 관련하여 인권(Menschenrechte)과 시민권(Büergerrechte)으로 구별할 수 있다.

인권은 독일 국적 취득여부와 관련 없이 인정되며, 보통 "모든 사람(jedermann)"에게 인정되기 때문에 모든 사람의 권리(Jedermannsrechte)라고도 하는 것으로, 예컨대 독일헌법 제2조의 일반적 인격권과 생명권, 제5조 제1항의 표현의 자유 등은 독일인 여부와 상관 없이 누구나 기본권의 주체가 될 수 있다. 외국인의 경우 독일내에서 인권침해 뿐만 아니라 외국에서 독일의 (외국 주재 독일 대사관의 조치 등) 공권력행사로 말미암아 인권침해를 당했을 때도 헌법소원심판 등을 통한 기본권 구제가 가능하다.

시민권은 독일 국적을 가진 사람만 주체가 될 수 있는 기본권들로서, 예컨대 제8조의 집회의 자유, 제9조의 결사의 자유, 제11조의 이전의 자유, 제12조의 직업의 자유, 제16조의 국적을 의사에 반하여 박탈당하거나 외국으로 인도되지 않을 권리, 제20조 제4항의 저항권, 제33조의 공무담임권, 제38조의 선거권 등이 이에 해당한다. 이 기본권들은 보통 "모든 독일인(alle Deutschen)"에게 인정되기 때문에 독일인의 권리(Deutschenrechte)라고도 부른다.

독일인에게만 인정되는 시민권의 경우 두 가지 점에서 논란이 될 수 있다. 첫째 시민권도 인간존엄의 내용을 담고 있으며, 독일헌법 제1조 제1항과 제2항, 제19조 제2항 등이 인간존엄이나 기본권의 본

3) 제2장, I, 3, (5), d 참조.

질적 내용은 침해할 수 없다고 선언하고 있기 때문에, 최소한 시민권의 인간존엄내용이나 본질적 내용은 외국인에게도 인정되어야 한다는 것이다. 둘째 인권으로서 평등원칙은 독일인과 외국인의 불합리한 차별을 금하는데, 특정 영역이나 사안에서 차별하는 것은 인권의 의미상 정당화되기 어렵다는 점이다. 그러나 인간존엄과 평등원칙의 보장이 외국인과 독일인의 완전한 동등대우를 요구하는 것은 아니다. 또 실제 외국인의 경우에도 구체적인 시민권의 내용을 주장할 수 없을 때 예컨대 이전의 자유에 대한 공권력의 제한에 대하여, 독일헌법 제11조 대신 소위 포괄적 기본권(Auffanggrundrecht)인 제2조 제1항의 일반적 인격권이나 행동자유권을 통해 기본권 보호를 주장할 수 있다. 물론 이 때 제2조 제1항에 의한 기본권의 보장정도는 제11조에 의한 기본권의 보장정도와 다르다.[4]

(2) 유럽시민

같은 외국인이라도 유럽연합회원국의 국적을 가진 유럽시민인 경우에는 문제가 약간 다르다. 유럽연합법의 독일헌법에 대한 영향력 때문에, 예컨대 유럽공동체조약 제12조의 일반적인 차별금지조항과 그 밖에 유럽법상 기본자유에 관한 유럽연합시민의 차별금지조항들 때문에, 다른 유럽연합회원국에서 입국한 유럽연합시민이 독일헌법상 기본권을 원용하여 직접 주장할 수 있는지 문제가 된다.

독일헌법조문 자체로는 유럽시민에 대한 특별한 대우가 명시적으로 표현되어 있지 않다. 그러나 유럽연합시민에 대한 차별은 유럽법상 물적·인적이동의 자유(기본자유)에 대한 제한을 가져올 수 있기 때문에, 독일헌법상 기본권보다 유럽법상 기본자유가 먼저 적용된다.[5] 따라서 유럽시민에게도 독일인들에게 인정되는 시민권을 인정

4) Pieroth/Schlink, Grundrechte, Rn.113ff.

5) Ehlers, Allgemeine Lehren, in: ders., EuGR, 2.Aufl., 2005, §7, Rn.9.

하거나, 유럽시민이 독일헌법 제2조 제1항을 통한 기본권 보호를 실현하려고 할 때에는 독일인들에게 인정되는 동일한 수준의 기본권 내용을 보호해야 한다.[6] 구체적으로는 집회의 자유(제8조), 결사의 자유(제9조), 직업의 자유(제12조) 등이 이에 해당한다.[7] 다만 이는 유럽법이 적용되는 경우에 한정되기 때문에, 유럽법이 적용되지 않는 경우에는 유럽시민이 독일 시민권의 주체가 되거나, 독일인과 완전히 같은 정도의 기본권 보장을 받기는 어렵다.[8]

(3) 기본권능력의 시작과 종료

일반적으로 기본권의 주체로서 자연인은 출생한 이후부터 죽기 전 살아있는 사람(Lebende)을 의미한다. 문제는 기본권보호가 사람의 출생이전과 사망이후에도 인정되고, 출생이전과 사망이후의 인간에게도 기본권주체로서 능력이 인정되는지 여부다. 특히 최근에 줄기세포연구나 존엄사 내지 죽을 권리 등과 관련하여 인간생명의 시작점과 종착점에 관한 문제와 더불어 실제적으로 문제가 된다.

연방헌법재판소는 태아의 경우 주관적인 기본권 주체성에 대한 명확한 언급은 회피한 채, 수정란이 자궁에 착상(Nidation)한 시점부터 생명권(제2조 제2항 제1문)의 객관적 내용(objektiv-rechtlicher Gehalt)에 근거한 보호대상이 된다고 보았다.[9] 배아보호법(Embryonenschutzgesetz)과 줄기세포법(Stammzellgesetz)에서는 다른 나라들과 비교하여 배아(Embryo)를 수정시부터 상당히 강력하게 보호하고 있다. 학설에서는 수정란의 발생시점부터 태아의 출생시까지 기본권(생명권)능력을 인정하는 시기가 다양하게 주장되고 있다.[10]

---

6) Pieroth/Schlink, Grundrechte, Rn.117.

7) Dreier, GG, Bd.I, Vorb. Rn.115.

8) Sachs, GG, vor Art. 1, Rn.72.

9) BVerfGE 39, 1(37; 42); 88, 203(251f.).

10) 이에 관한 상세한 내용은 Böckenförde-Wunderlich, Präimplantationsdiagnostik

기본권능력의 종료시점에 관하여 연방헌법재판소는 소위 메피스토(Mephisto) 결정에서, "제1조 제1항에 규정된, 인간의 존엄에 대한 공격으로부터 개인을 보호해야 하는 모든 국가권력의 의무는" 죽음으로서 끝나는 것이 아니지만, 제2조 제1항의 "인격권의 지속적 효과는 사후에는 부정된다"고 설시했다. 왜냐하면 살아있는 사람(lebende Person)만 인격권의 주체이기 때문"이다.[11] 장기이식법(Transplantationsgesetz) 제3조 제2항 제2호에서는 대뇌, 소뇌, 뇌간 등의 전체기능이 중단된 때(소위 뇌사설)를 죽음으로 간주한다. 학설은 뇌사설을 따르는 입장도[12] 있지만, 이에 대해 전체 신체조직의 기능마비를 죽음으로 인정하는 견해도[13] 있다.

(4) 기본권 행사능력

독일민법의 행위능력과 달리 독일헌법상 기본권을 독자적으로 행사할 수 있는 소위 기본권행사능력(Grundrechtsmündigkeit)에 관하여 —제12a조 남자의 병역의무와 제38조 선거권에 관한 18세 규정을 제외하고—일정한 나이(예컨대 18세 성년)를 전제하는 규정은 없다. 그러나 현실에선 유언(재산권)과 혼인에 있어서 일정한 행위능력의 제한이 따른다. 어린이종교교육법(RelKErzG) 제5조에 따르면 12세가 되어야 자신의 의사에 반하여 새로운 종교를 강요당하지 않을 수 있고, 14세가 되어야 어떤 종교를 선택할 것인지 스스로 결정할 수 있다. 그렇다고 민법처럼 성년이 되어야 기본권행사능력을 인정하는

---

als Rechtsproblem, 2002, S.168ff.; 정문식, 배아줄기세포연구시 배아의 생명권과 인간존엄, 한양법학 제18집, 2005, 101-107면 참조.

11) BVerfGE 30, 173(194).

12) 예컨대 Di Fabio, in: Maunz/Dürig, GG, Art. 2 Abs. 2, Rn.21; Pieroth/Schlink, Grundrechte, Rn.118; Schulze-Fielitz, in: Dreier, GG, Art. 2 II, Rn.30 등 참조.

13) 대표적으로 Murswiek, in: Sachs, GG, Art. 2, Rn.142.

것은 미성년자의 기본권을 과도하게 제한하는 것으로서 인정되기 힘들다.[14] 그렇기 때문에 미성년자의 경우 언제부터 기본권행사능력을 인정할 것인가 문제가 된다.

이는 다시 세 가지 정도로 구분해서 볼 수 있다.[15] 첫째, 미성년자가 공권력행사의 직접 상대방이 될 때, 예컨대 학교나 기숙사의 일정한 조치에 대한 미성년자의 기본권 행사에는 나이제한이 인정될 수 없다.[16] 둘째, 부모의 양육권(Erziehungsrecht) 행사는 공권력 행사와 달리 자녀의 복리를 위한 부모의 주관적 권리이며 일정한 한계를 갖기 때문에 미성년자의 기본권 행사가 일정하게 제한될 수 있다. 부모의 양육권은 시간적으로 자녀가 성장하여 독자적인 결정을 할 수 있을 때까지, 내용적으로는 자녀의 복리를 위한 양육에 필요한 수단에 한해서 인정되는 것이다. 따라서 어린이종교교육법과 같은 입법자에 의한 일정한 제한 외에는 일반적으로 미성년자에 대한 부모의 양육권의 우월적 지위를 인정할 수 있다. 물론 체류결정이나 직업선택과 같이 자녀의 복리에 관한 중대한 사안에 있어서 부모의 결정이 오히려 자녀의 복리를 위험하게 한다면, 가정법원이 부모의 결정을 대체하여 자녀를 보호할 수 있다.[17] 셋째, 앞에서 언급한 실체법적 기본권행사능력과 기본권과 관련된 분쟁을 소송을 통해 해결할 때 발생하는 소송법상 기본권행사능력은 구분되어야 한다. 예컨대 소송에 동의하지 않아 자녀의 복리가 위태하게 되는 부모의 결정에 대해서 가정법원이 자녀의 복리를 위한 결정을 할 수 있으며, 헌법소원에 있어서도 변호사강제를 인정하지 않는 한 미성년자에게 청구인능력을 인정할 수 있다.[18]

---

14) Dreier, GG, Vorb, Rn.113.

15) 여기서는 Pieroth/Schlink, Grundrechte, Rn.125ff.에서 논의된 내용을 기준으로 한다.

16) Pieroth/Schlink, Grundrechte, Rn.126.

17) Pieroth/Schlink, Grundrechte, Rn.127.

2. 법인

개인의 주관적 자유를 발현하도록 보장하는 기본권의 역사와 체계를 본다면 법인에게 당연히 기본권의 주체성을 인정할 수 있는 것은 아니다. 그러나 독일헌법제정자들은 명시적으로 독일헌법 제19조 제3항에서 "성질상 적용할 수 있으면, 국내법인에게도" 기본권을 인정했다.

(1) 법인

a. 개념

기본권의 주체가 될 수 있는 법인(juristische Personen)은 먼저 일반 법률이 법인격(Rechtspersönlichkeit)과 권리능력(Rechtsfähigkeit)을 인정하여, 권리의무의 주체가 될 수 있는 자격을 갖게 된 인적 단체(Personenmehrheiten) 내지 조직(Organisation)을 일컫는다.[19] 법인에게는 권리능력이 포괄적으로 부여될 수도 있지만 권리능력 없는 사단이나 조합처럼 제한적으로 부여될 수도 있다. 독일헌법에서는 이러한 구분을 엄격히 하지 않고, 일반 법률상 인정되는 법인의 개념보다도 넓게 모든 법인에게 기본권능력이 인정된다. 물론 일시적이거나 순전한(schlichte) 인적 단체, 예컨대 조찬모임이나 현악 4중주 같은 경우에는 기본권주체성이 인정되는 법인의 개념에 속하지 않는다.

b. 사법인과 공법인

현행 독일헌법 제정자들이 반드시 공법인의 기본권 주체성을 부인했던 것은 아니지만,[20] 연방헌법재판소는 지속적이고 확립된 판례

---

18) Pieroth/Schlink, Grundrechte, Rn.129; Dreier, GG, Vorb, Rn.114.

19) Pieroth/Schlink, Grundrechte, Rn.143.

20) Matz, in: v.Doemming/Füsslein/ders., Entstehungsgeschichte der Artikel

를 통해 법인이라도 공무를 수행하는 공법인은 원칙적으로 기본권의 주체가 될 수 없고, 사법인만 기본권의 주체가 될 수 있다고 인정했다.[21)]

그러나 공법인이라도 기본권으로 보장되는 생활영역에서 직접적인 활동을 하며 국가와 독립되거나 구별된 것으로 볼 수 있는 경우, 예컨대 국립대학의 학문의 자유행사, 공영방송의 방송 및 통신의 자유, 교회나 종교단체의 종교의 자유 등과 관련해서는 예외적으로 기본권의 주체가 될 수 있다. 이 세 종류의 전형적인 공법인 외에 학계에서는 국영문화단체(Kulturinstitutionen)의 예술의 자유나 지방자치단체(Gemeinde)의 재산권 등에 관한 기본권 주체성을 인정하려고 하지만, 연방헌법재판소는 법적으로 규율된 공적 사무를 수행하는 공법인에 대해서는 상당히 엄격하게 기본권 주체성을 제한하는 경향이 있다.[22)]

국가지분과 민간자본이 혼합된 회사(Gemischtwirtschaftliche Unternehmen)의 경우 학계에서는 일반 회사의 경우와 같이 기본권의 주체성을 인정해왔는데, 1990년 연방헌법재판소 제1원(Senat)의 제3재판부(Kammer)는[23)] 함부르크주가 72% 지분을 소유하고, 2만 8천여 명의 개인이 나머지 지분을 소유한 함부르크전기주식회사(HEW)의 기본권 주체성을 부인함으로써 많은 비판을 받은 바 있다.[24)]

c. 국내법인

독일헌법은 "국내(inländisch)" 법인의 기본권 주체성만 인정하고

---

des Grundgesetzes, JÖR Bd.1, 1951, S.182ff. 참조.

21) BVerfGE 21, 362(372f.); 39, 302(312f.); 45, 63(78); 62, 354(369); 68, 193(206); 75, 192(196f.) 등.

22) Dreier, GG, Art. 19 III, Rn.63ff. 참조.

23) BVerfG(3. Kammer des Ersten Senats), NJW 1990, S.1783.

24) 이에 대한 상세한 내용은 Dreier, GG, Art. 19 III, Rn.73ff. 참조.

있으므로 국내법인의 기준을 어떻게 결정할 것인지가 문제다. 법인은 국적을 갖지 못하지만, 어떤 국가에 속하는지 기준은 필요하다. 실제적인 중앙업무기관인 본사(Hauptverwaltung)의 주소지를 근거로 판단하는 소위 소재지론(Sitztheorie)이 일반적이며,[25] 법인의 주요 구성원들이나 임원들의 국적이 어떠한지는 문제삼지 않는다. 때문에 주로 독일인으로 구성되었지만 외국에 있는 법인은 기본권의 주체가 되기 어렵다.[26]

국내는 원칙적으로 통일을 이룬 현재 독일영토를 의미한다. 다른 한편 유럽법상 유럽시민의 일반적 평등대우 원칙 때문에, 실질적으로 유럽연합 회원국내 본사를 둔 외국법인의 경우에는 단순히 외국법인으로 취급하기 어렵다. 따라서 유럽연합 회원국내 외국법인은 독일 국내법인처럼 기본권 주체성이 인정될 수 있다.[27]

그 밖에 유럽연합 회원국내에 소재하지 않은 순수 외국법인에게는 원칙적으로 기본권의 주체성이 인정되지 않지만, 독일헌법 제17조의 청원권이나 제19조 제4항의 권리구제를 위한 절차적 기본권을 포함한 절차적 기본권의 주체는 될 수 있다.[28]

(2) 성질상 인정될 수 있는 기본권

a. 원칙

인간의 전형적인 특성과 관련되는 기본권, 예컨대 생명권이나 인간의 존엄, 혼인이나 가족에 관한 권리 등은 법인에게 인정될 수 없다. 특정한 성격을 갖는 법인에게만 인정될 수 있는 기본권, 예컨대

---

25) Dreier, GG, Art. 19 III, Rn.78.

26) Dreier, GG, Art. 19 III, Rn.80f.

27) EuGHE, Rs.C-208/00, Slg.2002, S.I-9919 - Überseering. 이와 관련된 문제는 Dreier, GG, Art. 19 III, Rn.79 참조.

28) Dreier, GG, Art. 19 III, Rn.85ff.

종교단체의 경우 종교의 자유는 다른 법인에게는 인정될 수 없고 종교단체에게만 기본권 주체성이 인정된다.

b. 인정근거

앞에서[29] 설명한대로 연방헌법재판소는 법인의 기본권 주체성을 인정하는 기준을 소위 법인구성원귀속설(Durchgriffstheorie)에 따라, 법인의 구성과 활동이 자연인의 인격발현의 모습이며, 특히 법인 배후에 있는 이러한 인간을 통찰(Durchgriff)하여 법인에게 기본권의 주체성을 부여하는 의미가 있다고 보았다.[30] 이렇게 법인의 구성요소를 이루고 있는 인적 기초요소(personales Substrat)에 근거하여 기본권 주체성을 인정하는 판례의 태도는 일관되지 않을 뿐만 아니라,[31] 실제로 재단처럼 전혀 인적 기초요소가 없는 법인에 대해서도 기본권의 주체성이 인정되는 이유를 설명하지 못한다는 비판이 가해진다.[32] 따라서 최근에는 법인의 인적 기초요소보다, 법인의 상황이 국가의 공권력에 의한 개인의 기본권 침해상황과 비교될 수 있으면 법인에게 기본권의 주체성을 인정하는 것이 의미가 있다는 소위 "전형적인 기본권 위험상황(grundrechtstypische Gefährdungslage)"이 설득력 있는 기준으로 보인다.[33]

c. 법인의 주체성이 인정되는 기본권

독일헌법 제2조 제1항의 일반적인 행동자유는 전체적으로 인정될 수 있지만, 일반적 인격권은 인간존엄과 관련성이 약하거나 인간 특유의 성질과 관련이 없는 경우에 인정된다. 일반적 평등권(제3조 제1

29) 제2장, I, 3, (5), d 참조.

30) BVerfGE 21, 362(369).

31) 예컨대 BVerfGE 46, 73(82f.); 50, 290(363f.) 등.

32) Dreier, GG, Art. 19 III, Rn.32.

33) Dreier, GG, Art. 19 III, Rn.33.

항)의 주체도 될 수 있으나, 성별·인종 등에 관한 특수한 평등권(제3조 제2항, 제3항)의 경우는 어렵다. 종교나 세계관의 자유(제4조 제1항, 제2항)는 가능하지만, 양심의 자유(제4조 제1항)는 인정되지 않는다.[34] 그 밖에 표현의 자유(제5조 제1항), 학문과 예술의 자유(제5조 제3항), 집회(제8조)·결사(제9조)의 자유, 통신의 자유(제10조), 이전의 자유(제11조), 직업의 자유(제12조), 주거불가침(제13조), 재산권(제14조), 청원권(제17조), 재판받을 권리(제19조 제4항)와 그 외에 절차적 기본권들이 인정될 수 있다.

Ⅱ. 기본권의 수범자

기본권의 수범자(Adressat)는 기본권의 효력에 구속을 당하는 대상이 누구인가 하는 문제다. 독일헌법 제1조 제3항은 기본권이 "입법, 집행(vollziehende Gewalt) 그리고 사법(Rechtsprechung)"을 구속한다고 규정하고 있다. 이는 국가, 국가권력(staatliche Gewalt) 또는 공권력(öffentliche Gewalt) 등으로 표현할 수 있다. 입법과 사법이 기본권에 구속된다는 점에 대해서는 큰 문제는 없다. 그러나 집행의 경우에는 누가, 어떤 형식으로 공적 사무를 집행하는가에 따라서 기본권의 수범자가 되는 지 여부가 문제될 수 있다.

1. 집행의 주체

공적인 업무의 집행에 있어서는 독일의 국가권력이 기본권의 구속을 받기 때문에, 외국의 공권력은 독일 기본권의 구속을 받지 않는다. 그러나 기본권을 침해하는 외국의 공권력 행사가 독일의 공권력을 통해 집행되는 것은 인정할 수 없다. 다른 한편 독일의 공권력

34) BVerfG(1. Kammer des Ersten Senats), NJW 1990, S.241.

은 기본권에 구속되기 때문에, 공권력 행사가 외국에서 이루어졌는지 국내에서 이루어졌는지는 문제되지 않는다.[35)]

집행의 주체가 누구인지는 중요한 의미를 갖지 않을 수 있다. 사법상 권리주체, 소위 공무수탁사인(Beliehene)이 자신의 이름으로 행정과제를 고권적으로 수행하는 경우에는 기본권에 구속이 된다. 예컨대 사립학교가 공립학교와 같은 효력을 갖는 증명서 내지 공문서를 발급하는 경우에는 기본권의 수범자가 된다.[36)]

2. 집행의 형식

원칙적으로 집행의 조직형태나 행동양식과 관련 없이 기본권의 수범자가 된다. 그러나 행정이 私法(Privatrecht)의 형식을 가지고 집행될 때에는 논란이 있다.

행정이 사법상 형식을 취하는 경우는 일반적으로 세 가지다.[37)] 첫째, 본래적인 의미의 행정사법(Verwaltungsprivatrecht)의 경우, 예컨대 생존배려(Daseinsvorsorge)를 위한 급부이행이나 보조금의 지급을 위해서, 행정은 공법상 형식이나 사법상 형식을 선택할 수 있다. 이러한 형식의 선택은 제도의 형식을 선택하는 것뿐만 아니라, 급부관계나 이용관계의 형성도 선택할 수 있다. 둘째, 행정의 보조업무(Hilfsgeschäften der Verwaltung) 경우, 예컨대 행정에 필요한 물품조달이나 구입은 사법상 계약을 통해 이루어진다. 셋째 행정이 영리활동(erwerbswirtschaftlicher Betätigung)을 할 경우, 예컨대 국가가 직접 사업을 하거나 사업 지분의 전체 내지 일부를 소유하는 형식으로 영리사업을 하는 경우가 있다.

전형적인 행정사법의 경우에는 어떤 형식을 취하든 기본권의 수

---

35) Pieroth/Schlink, Grundrechte, Rn.186ff.

36) Pieroth/Schlink, Grundrechte, Rn.167f.

37) 여기서는 Pieroth/Schlink, Grundrechte, Rn.170에 근거했다.

범자가 된다.[38] 독일연방대법원(BGH)은 그 밖에 행정의 보조업무나 영리활동에 대해서는 공권력의 주체가 기본권에 구속된다는 것, 소위 국고작용에 대한 기본권의 효력(Fiskalgeltung der Grundrechte)을 부인했다.[39] 즉 국가는 평등권에 구속되지 않고 私人과 자유롭게 계약을 체결할 수 있다는 것이다. 그러나 독일헌법 제3조 제1항이 집행에 있어서 합리적인 차별은 인정하고 있으므로 반드시 기본권의 효력을 부인해야 할 필요는 없다. 물론 사법상 기업은, 국가가 전체지분을 소유했을 때 기본권의 수범자가 된다. 다만 국가가 전체지분을 소유하지 않은 경우에는, 기업운영에 있어서 기본권침해가 발생하지 않도록 법적 영향력을 행사해야 한다.[40]

3. 私人의 기본권 구속성

원칙적으로 사인은 기본권에 구속되는 기본권 수범자는 아니다. 그럼에도 불구하고 사인간 기본권이 효력을 미칠 수 있는가 여부에 관한 문제는 이미 앞에서[41] 다루었으므로 여기서는 생략한다.

Ⅲ. 우리나라에서 의미와 실제

태아에 대한 기본권의 주체성 여부는 인정되고 있지만,[42] 언제부

38) BGHZ 52, 325(327).

39) BGHZ 154, 146(150).

40) Pieroth/Schlink, Grundrechte, Rn.171.

41) 제3장, II, 1, (4) 참조.

42) "모든 인간은 헌법상 생명권의 주체가 되며, 형성 중의 생명인 태아에게도 생명에 대한 권리가 인정되어야 한다. 따라서 태아도 헌법상 생명권의 주체가 되며, 국가는 헌법 제10조에 따라 태아의 생명을 보호할 의무가 있다." 헌재 2008.7.31, 2004헌바81, 공142, 1032(1037).

터 생명권의 주체로 볼 것인지에 대해서는 앞으로 판례를 기다려야 한다. 외국인의 기본권주체성에 대해서 판례는 원칙적으로 인정하고 있으며,[43] 사회권임에도 불구하고 자유권적 기본권의 성격을 찾는 경우에는 인정하고 있다.[44]

---

43) "우리 재판소는, 헌법재판소법 제68조 제1항 소정의 헌법소원은 기본권을 침해받은 자만이 청구할 수 있고, 여기서 기본권을 침해받은 자만이 헌법소원을 청구할 수 있다는 것은 곧 기본권의 주체라야만 헌법소원을 청구할 수 있고 기본권의 주체가 아닌 자는 헌법소원을 청구할 수 없다고 한 다음, '국민' 또는 국민과 유사한 지위에 있는 '외국인'은 기본권의 주체가 될 수 있다 판시하여(헌재 1994.12.29. 93헌마120, 판례집 6-2, 477, 480) 원칙적으로 외국인의 기본권 주체성을 인정하였다. 청구인들이 침해되었다고 주장하는 인간의 존엄과 가치, 행복추구권은 대체로 '인간의 권리'로서 외국인도 주체가 될 수 있다고 보아야 하고, 평등권도 인간의 권리로서 참정권 등에 대한 성질상의 제한 및 상호주의에 따른 제한이 있을 수 있을 뿐이다." 헌재 2001.11.29, 99헌마494, 13-2, 714(723-724).

44) "근로의 권리란 인간이 자신의 의사와 능력에 따라 근로관계를 형성하고, 타인의 방해를 받음이 없이 근로관계를 계속 유지하며, 근로의 기회를 얻지 못한 경우에는 국가에 대하여 근로의 기회를 제공하여 줄 것을 요구할 수 있는 권리를 말하며, 이러한 근로의 권리는 생활의 기본적인 수요를 충족시킬 수 있는 생활수단을 확보해 주고 나아가 인격의 자유로운 발현과 인간의 존엄성을 보장해 주는 것으로서 사회권적 기본권의 성격이 강하므로(헌재 1991.7.22. 89헌가106, 판례집 3, 387, 421; 헌재 2002.11.28. 2001헌바50, 판례집 14-2, 668, 678 참조) 이에 대한 외국인의 기본권주체성을 전면적으로 인정하기는 어렵다. 그러나 근로의 권리가 "일할 자리에 관한 권리"만이 아니라 "일할 환경에 관한 권리"도 함께 내포하고 있는바, 후자(後者)는 인간의 존엄성에 대한 침해를 방어하기 위한 자유권적 기본권의 성격도 갖고 있어 건강한 작업환경, 일에 대한 정당한 보수, 합리적인 근로조건의 보장 등을 요구할 수 있는 권리 등을 포함한다고 할 것이므로 외국인 근로자라고 하여 이 부분에까지 기본권 주체성을 부인할 수는 없다. 즉 근로의 권리의 구체적인 내용에 따라, 국가에 대하여 고용증진을 위한 사회적·경제적 정책을 요구할 수 있는 권리(헌재 2002.11.28. 2001헌바50, 판례집 14-2, 668, 678)는 사회권적 기본권으로서 국민에 대하여만 인정해야 하지만, 자본주의 경제질서하에서 근로자가 기본적 생활

사자(死者)의 경우에도 기본권주체성을 인정할 것인지는 아직 불확실하다. 이 때 고려해야 할 내용은 근본적으로 죽은 사람 자신의 기본권을 인정하는 것인지, 아니면 그와 관련된 살아있는 유족 등의 명예권과 관련하여 기본권을 인정하는 것인지 분명히 해야 할 것이다.

법인의 기본권 주체성은 구체적인 헌법조문이 없음에도 불구하고 인정되고 있다.[45] 다만 독일은 상대적으로 명확한 반면 우리는 공법인과 사법인의 구별이 명확하지 않기 때문에, 헌법재판소는 구체적으로 법인의 성격을 파악하여 사법인으로서 성격을 가지고 기본권주체가 될 수 있다고 판단되면 인정한다.[46] 법인에게 양심의 자유도

수단을 확보하고 인간의 존엄성을 보장받기 위하여 최소한의 근로조건을 요구할 수 있는 권리는 자유권적 기본권의 성격도 아울러 가지므로 이러한 경우 외국인 근로자에게도 그 기본권 주체성을 인정함이 타당하다." 헌재 2007.8.30, 2004헌마670, 19-2, 297(305).

45) "우리 헌법은 법인의 기본권향유능력을 인정하는 명문의 규정을 두고 있지 않지만, 본래 자연인에게 적용되는 기본권규정이라도 언론·출판의 자유, 재산권의 보장 등과 같이 성질상 법인이 누릴 수 있는 기본권을 당연히 법인에게도 적용하여야 한 것으로 본다. 따라서 법인도 사단법인·재단법인 또는 영리법인·비영리법인을 가리지 아니하고 위 한계내에서는 헌법상 보장된 기본권이 침해되었음을 이유로 헌법소원심판을 청구할 수 있다. 또한, 법인아닌 사단·재단이라고 하더라도 대표자의 정함이 있고 독립된 사회적 조직체로서 활동하는 때에는 성질상 법인이 누릴 수 있는 기본권을 침해당하게 되면 그의 이름으로 헌법소원심판을 청구할 수 있다(민사소송법 제48조 참조)." 헌재 1991.6.3, 90헌마56, 3, 289(295-296).

46) "지금까지 살펴본 축협중앙회 및 축협(지역별·업종별 축협)의 특성들에 의하면, 이들은 공법인적 성격과 사법인적 성격을 함께 구비하고 있는 중간적 성격의 단체인 것은 분명하나, 우선 "지역별·업종별 축협"은 그 "존립목적" 및 "설립형식"에서의 자주성에 비추어 볼 때, 오로지 국가의 목적을 위하여 존재하고 국가에 의하여 설립되는 공법인이라기보다는 사법인에 가깝다고 할 수 밖에 없을 것이다(헌재 1991.3.11. 90헌마28, 판례집 3, 63, 77 ; 헌재 1996.4.25. 92헌바47, 판례집 8-1, 370, 378-379 참조). 그러나 "축협중앙회"는 지역별·업종별 축협과 비교할 때, 회원의 임의탈퇴나 임의해산이 불가능한 점 등 그 공법인성이 상대적으로 크다고 할 것

인정할 수 있는지 여부에 관하여 헌법재판소는 오해의 소지를 남기기는 했으나,[47] 인정될 수 없다고 보아야 한다. 양심은 인간에게 본성적인 것이며, 법인 대표의 양심의 자유는 문제가 될 수 있지만, 대표의 양심을 법인 자체의 양심으로 간주할 수는 없고, 대표의 양심이 다른 구성원들의 양심과 항상 같을 것으로 볼 수도 없다.

원칙적으로 "국가나 국가기관 또는 국가조직의 일부나 공법인은 공권력 행사의 주체이자 기본권의 '수범자'로서 기본권의 '소지자'인 국민의 기본권을 보호 내지 실현해야 할 책임과 의무를 지니고 있을 뿐"이지만, 국가기관이라도 직무상 행위와 사인간 행위를 분리할 수

이지만, 이로써 축협중앙회를 공법인이라고 단정할 수는 없을 것이고, 이 역시 그 존립목적 및 설립형식에서의 자주적 성격에 비추어 사법인적 성격을 부인할 수 없다. 따라서 축협중앙회는 공법인성과 사법인성을 겸유한 특수한 법인으로서 이 사건에서 기본권의 주체가 될 수 있다고는 할 것이지만, 위와 같이 두드러진 공법인적 특성이 축협중앙회가 가지는 기본권의 제약요소로 작용하는 것만은 이를 피할 수 없다고 할 것이다." 헌재 2000.6.1, 99헌마553, 12-1, 686(709).

47) "사죄광고의 강제는 양심도 아닌 것이 양심인 것처럼 표현할 것의 강제로 인간양심의 왜곡·굴절이고 겉과 속이 다른 이중인격형성의 강요인 것으로서 침묵의 자유의 파생인 양심에 반하는 행위의 강제금지에 저촉되는 것이며 따라서 우리 헌법이 보호하고자 하는 정신적 기본권의 하나인 양심의 자유의 제약(법인의 경우라면 그 대표자에게 양심표명의 강제를 요구하는 결과가 된다.)이라고 보지 않을 수 없다. ... 굴욕적인 내용을 온 세상에 광포하면서도 그것이 소송의 성질상 형식적 형성의 소에 준하는 것임에 비추어 그 구체적 내용이 국가기관에 의하여 결정되는 것이며 그럼에도 불구하고 마치 본인의 자발적 의사형성인 것 같이 되는 것이 사죄광고이며 또 본인의 의사와는 무관한 데도 본인의 이름으로 이를 대외적으로 표명되게 되는 것이 그 제도의 특질이다. 따라서 사죄광고 과정에서는 자연인이든 법인이든 인격의 자유로운 발현을 위해 보호받아야 할 인격권이 무시되고 국가에 의한 인격의 외형적 변형이 초래되어 인격형성에 분열이 필연적으로 수반되게 된다. 이러한 의미에서 사죄광고제도는 헌법에서 보장된 인격의 존엄과 가치 및 그를 바탕으로 하는 인격권에 큰 위해도 된다고 볼 것이다." 헌재 1991.4.1, 89헌마160, 3, 149(154-155).

있으면 그에 한해서 기본권주체성이 인정된다.[48]

48) "원칙적으로 국가나 국가기관 또는 국가조직의 일부나 공법인은 공권력 행사의 주체이자 기본권의 '수범자'로서 기본권의 '소지자'인 국민의 기본권을 보호 내지 실현해야 할 책임과 의무를 지니고 있을 뿐이므로, 헌법소원을 제기할 수 있는 청구인적격이 없다(헌재 1994.12.29, 93헌마120, 판례집 6-2, 477, 480; 헌재 2001.1.18, 2000헌마149, 판례집 13-1, 178, 185). 그러나 국가기관의 직무를 담당하는 자연인이 제기한 헌법소원이 언제나 부적법하다고 볼 수는 없다. 만일 심판대상 조항이나 공권력 작용이 넓은 의미의 국가 조직영역 내에서 공적 과제를 수행하는 주체의 권한 내지 직무영역을 제약하는 성격이 강한 경우에는 그 기본권 주체성이 부정될 것이지만, 그것이 일반 국민으로서 국가에 대하여 가지는 헌법상의 기본권을 제약하는 성격이 강한 경우에는 기본권 주체성을 인정할 수 있다(헌재 1995.3.23, 95헌마53, 판례집 7-1, 463; 헌재 1998.4.30, 97헌마100, 판례집 10-1, 480; 헌재 1999.5.27, 98헌마214, 판례집 11-1, 675; 헌재 2006.7.27, 2003헌마758등, 판례집 18-2, 190 참조). 결국 개인의 지위를 겸하는 국가기관이 기본권의 주체로서 헌법소원의 청구적격을 가지는지 여부는, 심판대상조항이 규율하는 기본권의 성격, 국가기관으로서의 직무와 제한되는 기본권 간의 밀접성과 관련성, 직무상 행위와 사적인 행위 간의 구별가능성 등을 종합적으로 고려하여 결정되어야 할 것이다. 그러므로 대통령도 국민의 한사람으로서 제한적으로나마 기본권의 주체가 될 수 있는바, 대통령은 소속 정당을 위하여 정당활동을 할 수 있는 사인으로서의 지위와 국민 모두에 대한 봉사자로서 공익실현의 의무가 있는 헌법기관으로서의 지위를 동시에 갖는데 최소한 전자의 지위와 관련하여는 기본권 주체성을 갖는다고 할 수 있다(헌재 2004.5.14. 2004헌나1, 판례집 16-1, 609, 638 참조)." 헌재 2008.1.17, 2007헌마700, 20-1상, 139 (159).

CHAPTER 5

제5장 기본권 침해여부의 심사구조

독일에서는 공권력 행사로 인한 기본권 침해여부에 관한 심사를 할 때 일반적으로 다음과 같은 절차에 따른다. 첫째, 공권력 행사로 말미암아 문제되는 기본권의 보호영역은 어떻게 설정되는가(기본권의 보호영역)? 또한 공권력의 행사로 말미암아 규제 내지 제한받고 있는 사안이 기본권의 보호영역에 포함되는가? 둘째, 기본권의 보호영역에 해당하는 사안이라면, 공권력 행사로 인한 기본권의 제한이 실제로 발생하고 있는 것인가(기본권 제한)? 기본권의 제한이 발생한다고 곧바로 기본권의 침해가 인정되는 것은 아니며, 이는 헌법상 근거를 갖는 정당한 기본권의 제한일 수 있다. 따라서 셋째, 기본권을 제한하고 있는 공권력 행사는 헌법적으로 정당화 될 수 있는지를 판단해야 한다(기본권 제한의 헌법적 정당성). 공권력의 행사가 개인의 기본권 영역을 제한하고, 이것이 헌법적으로 정당화 될 수 없을 때, 공권력 행사는 위헌적인 기본권 침해로 판단할 수 있는 것이다.

Ⅰ. 기본권의 보호영역

1. 보호영역의 개념

(1) 개념

기본권은 기본권 주체의 여러 가지 법익이나 생활영역 또는 활동을 보장하고 보호한다. 기본권이 보장하는 이러한 영역은 실제 기본권조항에서 상당히 간략한 규범적 구성요건으로 표현된다. 예컨대 "인간존엄"은 불가침이라거나(제1조), 타인의 권리를 침해하지 않고 헌법질서와 도덕률을 위반하지 않는 한 개인의 "인격을 자유롭게 발현할 권리"는 보장된다거나(제2조 제1항) 또는 "학문과 예술"은 자유라는(제5조 제3항) 등. 이렇게 기본권이 보장하는 관련 영역을 일반적으로 보호영역(Schutzbereich)[1]이라고 하거나 기본권으로 보장되는 구체적인 내용을 기본권의 구성요건(Grundrechtstatbestand)이라고[2] 일컫는다. 이와 관련해서 규범영역(Normbereich), 보장영역(Gewährleistung), 규율영역(Regelungsbereich) 등으로 표시하는 경우도 있다.

(2) 포함내용

기본권의 보호영역 내에서 이루어지는 여러 가지 행태(Verhalten)를 보통 기본권행사(Grundrechtsausübung) 또는 기본권사용(Grundrechtsgebrauch)이라고 일컫는다. 그러나 이는 단순히 기본권의 적극적인 형태의 자유(작위), 예컨대 일반적인 행동의 자유나 적극적인 표

---

1) Pieroth/Schlink, Grundrechte, Rn.197.

2) Sachs, GG, vor Art. 1, Rn.77ff.; Alexy, Theorie der Grundrechte, S.272ff. 에서는 보호영역(Schutzbereich)과 구성요건(Tatbestand)을 일반적으로 기본권이 보호하는 추상적 의미의 내용(보호영역)과 그러한 내용을 실현하는 구체적인 행태까지 포함한 개념(구성요건)으로 구분하는 것으로 보이며, 이에 대해 상당히 세밀한 분석을 하고 있다.

현의 자유 뿐만 아니라, 소극적인 형태의 자유(부작위), 예컨대 신앙고백을 하지 않을 자유나 강제로 단체에 가입하지 않을 자유도 기본권행사와 기본권사용에 포함된다. 또한 작위나 부작위가 아닌 특정사안과 관련된 내용, 예컨대 학문이나 예술도 기본권 보호영역 내에서 이루어지는 행태에 포함될 뿐만 아니라, 주거 등 구체적인 공간도 역시 여기에 포함될 수 있다.[3]

(3) 주관적 권리와 객관적 내용

기본권의 보호영역은 원칙적으로 개인의 주관적 권리를 내용으로 한다. 그러나 연방헌법재판소와 다수견해는 기본권의 보호영역에 객관적인 내용과 의미까지 포함시키는 것을 인정한다. 예컨대 언론출판의 자유에 자유언론제도를, 학문의 자유에 대학제도를 보장하는 것을 보호영역의 내용으로 추가한다. 이러한 객관적 기본권의 내용은 주관적인 권리의 내용을 확장시키는 것으로만 이용되어야 한다. 예컨대 국가의 기본권침해로부터 방어권(Abwehrrechte)적 내용에서 보호권(Schutzrechte), 참여(Teilhaberechte), 급부권(Leistungsrechte)의 내용까지 확장되는 것으로만 사용되어야 한다.

(4) 기본권보장

결국 기본권은 보호영역을 가지며, 보호영역 내에서 주관적 권리와 객관적 내용을 보장한다. 이러한 기본권보장은 Grundrechtsgewährleistungen, Grundrechtsgarantien, Grundrechtsverbürgungen 등으로 표현된다.[4] 보호영역이 기본권 보호가 작용하는 실제단면(Wirklichkeitsausschnitt)을 표현하는 반면, 기본권보장에 관한 여러 가지 표현들은 법적으로 형성된 기본권의 보호효과(Schutzwirkungen)를 의미하는 것이다.[5]

---

3) Dreier, GG, Vorb., Rn.87; Pieroth/Schlink, Grundrechte, Rn.199.

4) Pieroth/Schlink, Grundrechte, Rn.203.

2. 보호영역의 획정

(1) 보호영역 획정의 의미

a. 기본권의 보호여부 결정

기본권의 보호영역을 정하는 것은 구체적인 기본권조항의 적용영역을 사항적 또는 물적(sachlich) 관점과 인적(personal) 관점에서 확정짓는 것이다. 문제가 되는 개인의 행위가 기본권의 보호영역에 포함될 때 국가의 제한으로부터 보호를 받을 수 있고, 처음부터 기본권의 보호영역에 포함되지 않는다면 기본권 문제는 논할 가치가 없게 된다. 따라서 보호영역을 어떻게 획정할 것인가는 중요한 의미를 지닌다.

b. 기본권 제한조치에 대한 국가의 정당성 입증책임 여부 결정

개인의 행위가 보호영역 내에 있다는 것은, 이에 대한 국가의 제한은 정당성이 입증되어야 함을 의미한다. 따라서 보호영역이 어떻게 획정되는가에 따라, 특정한 개인의 행위에 대한 국가의 제한 시, 국가가 제한조치에 대해 정당성 입증책임(Abarbeiten von Begründungslasten)을[6] 부담하는지 여부가 결정된다. 국가가 일정한 조치를 취할 때마다 정당성 입증책임을 부담하는 것과 부담 없이 제한조치를 취하는 것 사이에는 큰 차이가 있다.

(2) 보호영역 획정의 확장과 축소

a. 보호영역의 확장?

보호영역의 획정에 따라 기본권보장의 여부와 국가의 조치에 대한 정당성 입증 부담이 달라진다면, 보호영역을 가능한 넓게 인정하

5) Volkmann, JZ 2005, S.261(265ff.).

6) BVerfGE 80, 137(151f.); Dreier, GG, Vorb., Rn.120.

는 것이 기본권 보장에 유리할 것으로 보인다. 그러나 예컨대 특정인의 인간존엄 개념을 확대하면, 인간존엄은 절대 불가침이라는 제한의 불가능성 때문에 이와 상충되는 공익이나 다른 사람의 기본권 보장은 점차 실현가능성을 상실하게 된다.[7] 주거불가침(제13조 제1항)에 의해 보장되는 주거의 개념을 사무실, 체육관 등으로 확장하게 되면 개인의 생활영역보호라는 의미와도 맞지 않을 수 있다. 또한 유사한 기본권의 보호영역획정에 있어서도, 예컨대 양심의 자유와 종교의 자유, 세계관의 자유 등에 관한 보호영역획정을 넓게 하면, 결국 세 기본권은 상호간 구별이 어렵게 될 수도 있다. 따라서 기본권의 보호영역을 무조건 넓게만 획정하는 것은 유의해야 한다.[8]

b. 보호영역의 축소?

반대로 보호영역을 좁게 획정하려는 시도는 더 큰 문제가 있다. 예컨대 과학기술이 상상을 초월하는 발전과정 속에서 원자력, 유전공학, 생명공학, 뇌연구 등은 타인의 생명과 신체에 막대한 영향과 위험을 가져올 수 있다. 따라서 이렇게 타인의 생명이나 신체를 침해하거나 외적인 위험을 야기하는 연구에 대해서는 처음부터 학문의 자유에 포함되지 않는 것으로 보호영역을 축소하거나[9] "아주 무책임하거나 공동체에 해로운" 연구는 처음부터 보호영역에서 배제하려

7) 인간존엄에 관한 보호영역획정의 범위문제에 관한 구체적인 내용은 정문식, 독일에서의 인간의 존엄과 생명권의 관계, 공법학연구 제7권 제2호, 2006, 287-289면 참조.

8) 기본권 보호영역의 확장은 기본권의 의미를 푼돈(kleiner, billiger Münze) 처럼 오히려 반감시킨다는 지적에 대해서는 Pieroth/Schlink, Grundrechte, Rn.228.

9) Kleindiek, Wissenschaft und Freiheit in der Risikogesellschaft, 1998, S.178ff.; Lerche, Verfassungsrechtliche Aspekte der Gentechnologie, in: Lukes(Hrsg.), Rechtsfragen der Gentechnologie, 1986, S.88(90ff.); Wahl, UTR 14(1991), S.7(34)

는[10] 시도들이 여기에 속한다.[11]

보호영역을 축소하려는 시도 역시 다른 기본권을 보장하려는 의도에서 비롯되었음은 이해가 되지만, 헌법상 보호영역을 축소해야 하는 명시적인 근거는 없다. 둘째, 특정 행태가 보호영역에 포함되는가 여부와 특정 행태가 다른 기본권을 침해하는가 여부는 서로 다른 의미를 갖는 문제다. 전자는 보호영역의 문제이고 후자는 기본권 제한이나 형량에서 고려되어야 할 문제다. 특히 기본권의 보호영역을 좁게 이해하려는 입장은 처음부터 보호영역에서 개인의 자유를 배제함으로서 법원이나 헌법재판소를 통한 형량의 기회를 박탈한다. 이렇게 형량도 거치지 않고 정당화되는 자유의 제한이 과연 정당한지는 의문이다.[12]

c. 세심한 보호영역획정과 의심스러울 때는 형량의 기회를

원칙적으로 기본권의 보호영역획정은 가능한 넓게 인정하는 것을 지향한다. 다만 연방헌법재판소는 예술의 자유와 관련하여 "예술의 발현을 목적으로 타인의 재산을 제멋대로 사용하거나 훼손하는 것은 처음부터 (예술의 창작영역(Werkbereich)이든 효과영역(Wirkbereich)이든) 보호영역에 해당하지 않는다"는 점을 언급한 적이 있다.[13] 이 때문에 역사적으로나 사회적으로 기본권의 보호영역에 포함될 수 없는 행태까지 보호영역에 포함시키려는 무리한 보호영역의 획정만이 지양되어야 한다. 이러한 의미에서 세심한 보호영역의 획정은 필요하다.

---

10) Diekert, Naturwissenschaft und Forschungsfreiheit, 1991, S.408.

11) 학문의 자유에 있어서 헌법상 보호되는 학문의 보호영역획정에 관한 독일에서의 문제는 정문식, 학문의 자유와 입법정책, 법과 정책연구 제6집, 제2호, 2006, 580-584면 참조.

12) 이러한 입장에서 넓은 구성요건이론을 지지하는 견해는 Alexy, Theorie der Grundrechte, S.290ff. 좁은 구성요건이론에 대한 그 밖에 비판은 Alexy, Theorie der Grundrechte, S.280ff.; Sachs, GG, vor Art. 1, Rn.77a 등 참조.

13) BVerfG, NJW 1984, S.1293(1294).

뒤에서 언급할 기본권의 경합이나[14] 기본권의 제한과[15] 관련해서도 세심한 기본권의 보호영역획정은 매우 중요하다. 예컨대 신앙고백의 자유(제4조)와 표현의 자유(제5조)를 전제로 할 때, 종교적 고백을 신앙고백의 보호영역에 포함시켜야지, 단순한 종교적 의견으로 표현의 자유 보호영역에 포함되는 것으로 이해할 수는 없다. 또한 제8조 제1항의 집회의 자유가 보장하는 것은 신고의무 및 허가(기본권의 제한)로부터 보호되는 집회의 보호영역을 획정해야지 집회와 관련된 모든 사항을 보장하는 것으로 보호영역을 획정해서는 안된다.

그 외에 기본권 보호영역에서의 배제가 명백하지 않은 경우, 예컨대 개인적인 기호에 따라서 불쾌하거나 꺼려지거나 심지어는 도발적인 내용의 기본권관련 행태라도 보호영역획정을 느슨하게 함으로서 관련 기본권에 포함시키는 것은 두 가지 장점이 있다. 첫째 일단은 기본권으로서 사법권(법원 내지 헌법재판소)의 심사를 받을 수 있다. 사법권의 심사를 통해서 개인의 행태와 이를 제한함으로서 얻게 되는 공익이나 타인의 법익간 형량을 최소한 한 번쯤 받아볼 기회를 얻게 되는 것이다. 둘째로는 관련 행태에 대한 국가의 제한조치에 정당성 입증부담을 부과함으로서, 입법자나 집행부의 경우에도 손쉽게 법률을 제정하거나 함부로 개인의 기본권을 침해하지 못하도록 처음부터 국가의 주의의무를 실현 내지 강화시킬 수 있다.[16]

3. 기본권의 경합

(1) 개념

기본권의 경합(Grundrechtskonkurrenzen)이란,[17] 기본권주체의 행위

---

14) Stern, Staatsrecht, Bd.III/2, S.1394ff. 참조

15) Pieroth/Schlink, Grundrechte, Rn.231ff.

16) 정문식, 학문의 자유와 입법정책, 법과 정책연구 제6집 제2호, 582-584면 참조.

가 수 개의 기본권 보호영역에 해당할 경우를 의미한다. 이 때 문제가 되는 것은 여러 가지 관련 기본권 중에 어떤 기본권을 가지고 기본권주체의 행위를 보호할 것인가 하는 점이다. 예컨대 야외에서 개최하려던 종교집회가 경찰서장의 금지통고로 제한되었을 때, 종교의 자유로 보호할 것인지 아니면 집회의 자유로 보호할 것인지 문제된다.

(2) 기본권의 경합상황과 해결방안

a. 자유권과 평등권의 경합

일반적으로 국가가 어떤 조치를 취하면 그것은 특정 자유권의 보호영역에 대한 제한가능성이 발생할 뿐만 아니라, 국가의 조치에 해당하지 않는 다른 기본권주체와의 관계에서 평등원칙의 침해에도 해당된다.[18] 국가의 특정 조치에 따라 자유권에 대한 제한의 내용은 사실관계에 따라 달라질 수 있지만, 조치의 대상이 되지 않는 다른 사람과의 관계에서 평등권 위반이라는 점에서는 항상 변함이 없다. 그러나 평등권은 다른 사람과의 비교를 통해서만 이루어질 수 있는 것이므로, 자유권의 보호영역에서 제한을 당하는 기본권주체에 문제를 한정하는 경우에는 원칙적으로 자유권이 적용되는 것이 합리적이다. 자유권의 제한이 정당화 된 후에 비로소 평등권 심사로 나갈 수 있다.

자유권의 제한을 당한 당사자가 똑같은 국가의 제한조치를 다른 기본권주체에게 가해주기를 원하는 것으로 평등권을 실현하지는 않

17) 기본권의 경합과 충돌, 포기 등을 함께 다루는 것이 일반적이나(Pieroth/Schlink, Grundrechte, Rn.314ff.; Dreier, GG, Bd.I, Vorb., Rn.155ff.; 계희열, 헌법학(중), 2007, 116-129면 등), 기본권경합은 구성요건의 문제이고 기본권충돌은 제한 내지 정당성심사의 고려요소에 포함된다고 보아서, 양자를 분리하여 논하고 있음을 밝힌다.

18) 제4장 II, 2 참조.

는다. 다른 사람과의 비교를 통해 자신에게만 주어진 불평등한 조치를 국가에 대하여 방어하는 것으로 평등권을 실현하는 것이 일반적이다. 이 때 자신의 자유권제한을 정당화 했던 동일한 이유로 다른 기본권주체를 제한할 수 있음에도 불구하고, 국가가 제한조치를 취하지 않은 경우에는 평등권의 위반이 발생한다. 하지만 평등권은 "불합리한" 차별만 금지하는 것일 뿐 합리적 차별은 인정하는 것이다. 또한 많은 경우 자유권제한을 정당화하는 이유가 대부분 불평등대우를 정당화할 만큼 합리적 차별의 근거가 되기 때문에, 자유권의 제한이 정당화되는 경우 그럼에도 평등권을 침해하는 경우란 실제로 많지 않을 것이다.[19]

b. 경합되는 기본권간에 일반/특수관계가 성립할 때

경합하는 기본권의 구성요건 간에 일반적 자유(기본권)와 특수한 자유(기본권) 관계가 성립할 수 있다. 이 때는 마치 특별법우선의 원칙처럼 특수한 지위에 있는 기본권이 적용된다. 특수한 지위는 동일한 구성요건 외에 추가적인 구성요건을 가지고 있어서 특수한 지위를 갖는 논리적 특수성(logische Spezialität)이나, 특정 사항이나 인적 범위에 있어서 제한을 두고 인정되는 규범적 특수성(normative Spezialität)을 가지고 있을 때 인정될 수 있다. 예컨대 특정 연설에 의한 표현행위가 포괄적 기본권인 일반적 행동의 자유(제2조 제1항)와 표현의 자유(제5조 제1항)에 공통적으로 해당되어 기본권경합이 발생했을 때, 특별한 기본권인 표현의 자유를 적용하여 심사한다(논리적 특수성). 노동조합의 단결의 자유와 관련해서는, 단체나 조직을 형성할 일반적인 결사의 자유(제9조 제1항)보다 노동조합의 단결권(제9조 제3항)은 인적대상에 있어서는 광범하지만 사안에 관한 대상(근로조건의 개선과 유지)에 있어서는 범위가 특정되어 있으므로 노동조

19) Pieroth/Schlink, Grundrechte, Rn.338a.

합의 단결권이 적용된다(규범적 특수성). 평등권의 경합에 있어서는 성별과 인종, 언어 등에 근거한 차별을 금지하는 특수한 평등권(제3조 제2항, 제3항)이 일반적 평등권(제3조 제1항)보다 앞서 적용된다.

결국 포괄적 기본권인 제2조와 일반적 기본권인 제3조는 다른 기본권들이 먼저 적용될 여지가 없거나 해당이 안되는 경우, 마지막으로 적용될 수 있다.[20] 다만 슈테른은 이러한 법조경합(Gesetzeskonkurrenz)으로서 기본권경합을 부진정경합(unechte Konkurrenz) 또는 유사경합(Scheinkonkurrenz) 등으로 표현하기도 한다.[21] 즉 특수관계가 있는 기본권경합으로 보이는 것도, 실제로는 사실관계의 명쾌한 분석과 기본권 구성요건간 정확한 구별을 통해 가능한 기본권의 경합을 피하고 어떤 기본권이 적용될 것인지 찾을 수 있기 때문이다.[22]

c. 경합되는 기본권간에 일반/특수관계가 성립하지 않을 때

경합하는 기본권간 명백한 일반/특수관계가 성립하지 않을 때를 보통 진정법조경합(echter Gesezteskonkurrenz)[23] 또는 상상적경합(Idealkonkurrenz)이라고[24] 부른다. 먼저는 경합하는 기본권들 중에서 더욱 직접적이고 밀접한 관계성이 있는 기본권을 적용한다. 예컨대 야외에서 이루어지는 종교적 집회행사는 종교행사의 자유(제4조 제2항)에도 해당되고 집회의 자유(제8조 제2항)에도 해당된다. 이 때 종교적 집회가 전통적인 종교행위와 관련된 것이라면 종교행사의 자유에 해당된다. 만일 그렇지 않다면 집회의 자유에 의해 보호된다.

---

20) BVerfGE 59, 128(156); 77, 84(118); 80, 81(95f.). 제2조 제1항의 일반적 행동의 자유에 대해서는 Pieroth/Schlink, Grundrechte, Rn.341, 제3조 일반적 평등권에 대해서는 Pieroth/Schlink, Grundrechte, Rn.501을 참조.

21) Stern, Staatsrecht, Bd.III/2, S.1377.

22) Stern, Staatsrecht, Bd.III/2, S.1378ff. 참조.

23) Dreier, GG, Bd.I, Vorb., Rn.155.

24) Pieroth/Schlink, Grundrechte, Rn.343.

경합하는 기본권들과 문제되는 사안사이에 직접성과 밀접성에서 큰 차이를 발견하기 어려울 때는 양 기본권을 모두 적용할 수 있지만, 조금 더 강력한 보호를 받는 기본권의 침해를 기준으로 위헌을 판단할 수 있다.[25] 독일의 기본권조항은 단순 법률유보(einfacher Gesetzesvorbehalt)로 제한할 수 있는 기본권, 가중적 법률유보(qualifizierter Gesetzesvorbehalt)로 제한할 수 있는 기본권, 제한에 관한 법률유보가 없는(vorbehaltlos) 기본권으로 구분되어 기본권의 보장 정도가 다르기 때문이다.[26]

d. 기본권의 축적?

여러 기본권의 보호영역에 해당할 때 기본권의 보장내용이 강화된다는, 예컨대 직업예술인의 예술활동은 여가시간에만 예술의 자유를 구가하는 일반인의 단순 예술활동보다 강하게 보장해야 한다는 기본권의 축적(Grundrechtskumulation)은 아직 인정되지 않고 있다.[27] 그 밖에 기본권경합시 기본권의 보호영역을 강화하여 보호하려는 시도가 있는가 하면, 반대로 기본권의 보호영역은 한 가지 기본권으로 다루지만, 나중에 이루어지는 기본권 제한의 정당성 심사에서 경합했던 기본권의 내용을 다시 고려하여 해결하려는 방식들도 제기되고 있으나, 아직은 많은 지지를 얻지 못하고 있다.[28]

e. 현실과 평가

기본권경합시 어떤 기본권을 통해서 기본권보호 문제 내지 국가

25) Pieroth/Schlink, Grundrechte, Rn.343.

26) 이에 대해서는 뒤에 Ⅲ, 1.(1) 참조.

27) Dreier, GG, Bd.I, Vorb., Rn.159.

28) 이러한 노력들은 기본권의 보호영역에서 강화한 것인지, 비례원칙에서 반영되는 것인지 구별의 어려움도 있고, 너무 자의적인 결론을 이끌어 낼 수 있는 소위 규범혼합처리(Normamalgamierungen)문제도 있다. Dreier, GG, Bd.I, Vorb., Rn.156.

조치의 위헌문제를 해결할 것인지 명확하게 결정하기 어려운 경우라도, 결국 이후에 더 심사하게 될 비례원칙심사와 그에 따른 결과에 있어서는 실질적으로 큰 차이가 없다. 더 중요한 것은 슈테른이 지적한대로 사실관계와 기본권의 구성요건을 세심하게 파악하고 판단하는 것이다. 연방헌법재판소는 특정 사실관계가 다수의 기본권구성요건에 해당하는 경우, 예컨대 집회의 경우 표현의 자유와 집회의 자유를[29] "함께 적용할(nebeneinander anwendbar)" 수 있는 것으로 본다.[30]

Ⅱ. 기본권의 제한

기본권은 개인의 자유가 발현되도록 헌법이 인정하는 것이지만, 공익과 타인의 법익을 무시한 채 무한정 보장될 수는 없다. 공익과 타인의 권리보호가 개인의 기본권행사와 충돌하거나 갈등을 일으킬 때에는 일정한 조정 내지 조화가 필요한데, 이는 기본권에 대한 일정한 제한의 모습으로 나타난다.

독일문헌에서 기본권의 제한은 Eingriff, Schranke, Beschränkung, Einschränkung, Beeinträchtigung, Verkürzung, Begrenzung 등으로 표현한다. 이에 대하여 제약, 제한, 축소, 한계, 한정 등 여러 가지 용어로 번역될 수 있고, 이를 엄격하게 구별하는 견해도 있으나,[31] 실제 의미는 같은 것으로 볼 수 있다.[32] 국가의 기본권제한에는 정당성이 요구되는 것이며,[33] 기본권 제한의 정당성 여부에 따라 합헌

---

29) BVerfGE 82, 236(258).

30) Dreier, GG, Bd.I, Vorb., Rn.155.

31) 예컨대 야라스(Jarass, Wirkung der Grundrechte, HGR Ⅱ, §38, Rn.17)는 제한(Eingriff)이 제약(Beeinträchtigung)에 포함된 것으로 본다.

32) Pieroth/Schlink, Grundrechte, Rn.208.

적인 기본권 제한과 위헌적인 기본권 침해(Verletzung)로[34] 구분할 수 있다.

그 밖에 기본권의 형성(Ausgestaltung)과 구체화(Konkretisierung)는[35] 입법자가 법으로서 기본권행사 가능성을 열어서 구체적으로 보호영역의 내용을 만들어주는 것을 의미한다. 규율(Regelung)은[36] 헌법에서 상세한 내용을 법률로 정하도록 위임했을 때, 입법자가 헌법의 위임에 따라 내용을 정하는 것을 의미한다. 독일헌법 제1조의 인간존엄과 제19조 제2항의 기본권의 본질적 내용에 대한 제한 내지 침해는 불가한데, 이에 대한 제한이나 침해가 가해진 경우를 침해(Antastung)라고[37] 표현한다.

1. 전통적인 기본권 제한의 개념

독일에서 전통적인 기본권 제한의 개념은 보통 네 가지를 요소로 가진다. 이에 따르면 기본권의 제한은 첫째 단순한 사실상 효과가 아닌 법적 효과를 지닌 법률행위(Rechtsakt)로서(법형식성: Rechtsförmigkeit), 둘째 명령이나 강제를 통해 부과되고 관철되는 명령적 내용(Imperativität)을 가지며, 셋째 의도하지 않은 결과가 아니라 최종적으로 의도한 결과를 지향하는(최종목적성: Finalität), 넷째 간적접인 것이 아니라 직접적인 결과를 추구하는(Finalität) 국가의 행위(Staatshandeln)를 의미한다.[38] 예컨대 판사가 구속영장을 발부하여

33) Sachs, GG, vor Art. 1, Rn.78f.

34) Pieroth/Schlink, Grundrechte, Rn.224f.

35) Pieroth/Schlink, Grundrechte, Rn.209ff.

36) Pieroth/Schlink, Grundrechte, Rn.219ff.

37) Pieroth/Schlink, Grundrechte, Rn.223. 정태호 교수는 침훼(侵毁)라고 번역했다(정태호 역, 피로트/슐링크, 독일기본권개론, 2000, 72면).

38) Dreier, GG, Bd.I, Vorb., Rn.124; Pieroth/Schlink, Grundrechte, Rn.238; Sachs, GG, vor Art. 1, Rn.80; Stern, Staatsrehct, III/2, S.84.

피의자를 구속하는 것, 불법건축물에 대하여 관할 행정청이 철거명령을 내리는 것, 공립학교 수업시간에 이슬람교를 상징할 수 있는 히잡착용의 금지법률 등이 기본권의 제한에 해당한다.

2. 사실상 기본권 제한

(1) 기본권 제한 개념의 확대

그러나 문제가 되는 것은 위와 같은 네 가지 요소가 포함되지 않은 국가의 행위로 인하여 기본권의 실질적인 제한을 받은 경우다. 예컨대 경찰관이 도주하는 범인을 향해 총을 쏘았는데 지나가던 행인에게 총상을 입힌 경우나, 정부조치에 따라 자녀에게 강제접종을 시키던 중 부모가 질병에 감염된 경우 등은 사실행위(Realakt)로 인한, 국가가 의도하지 않은 결과로 나타난 기본권의 제한 등이 여기에 해당된다. 현재는 이러한 사실행위로 인한 법익침해도 원칙적으로 기본권제한이 있는 것으로 인정한다.[39] 이러한 기본권제한 개념의 확대는 전통적인 네 가지 개념요소 모든 측면에서 발생하고 이루어지고 있다.[40] 즉, 기본권제한은 의도했든 하지 않았든, 직접적이든 간접적이든, 법적이든 사실적이든, 명령적 내용이 있든지 없든지, 기본권보호영역 내에서 기본권행사를 전부 또는 부분적으로 불가능하게 하는 국가의 행위를 의미한다.[41] 국가행위의 직접적 상대방이 아닌 제3자에게도 국가행위로 인한 기본권제한 가능성이 인정되고 있다.[42] 이러한 기본권제한의 확대 경향은 개인의 주관적 권리보장 뿐만 아니라 객관적 내용의 보충을 통해 기본권보호의 흠결을 메우려

---

39) Dreier, GG, Bd.I, Vorb., Rn.125.

40) 그 밖의 기본권 제한요소에 대한 논의는 Sachs, GG, vor Art. 1, Rn.83ff. 참조.

41) Pieroth/Schlink, Grundrechte, Rn.240.

42) Sachs, GG, vor Art. 1, Rn.89ff.

는 경향, 또는 소위 자유주의적 법치국가로부터 사회적 법치국가로의 발전 때문인 것으로 평가된다.[43]

(2) 기본권 제한 개념 확대로 인한 문제

그러나 기본권주체에게 여하간 부담을 주는 모든 국가의 조치를 기본권제한으로 볼 수는 없다. 어떤 것은 단지 기본권주체의 법적지위를 위협하는 정도일 수도 있기 때문이다. 또 기본권 제한의 개념을 확장하게 되면 기본권행사를 어렵게 하는 경우와 기본권행사를 불가능하게 하는 경우를 구별하기도 어렵다. 국가가 의도하지 않았던 결과발생에 대해서도 기본권제한으로 보고 국가가 책임을 지게 된다면, 국가는 전혀 예상치 못한 문제에 직면할 수도 있다. 예컨대 원자력발전소 건설과 운영에 관한 허가가 건설사와 운영당사자에게는 아무런 문제가 없는데, 발전소 주변 주민들이 국가의 허가조치가 자신들의 생명권을 제한한다는 이유로 기본권보호를 요구하면, 그들에게 기본권제한을 인정할 것인지, 인정한다면 어디까지 인정할 것인지 등이 논란이 된다. 여기에는 헌법재판의 대상에 있어서도 확대와 부담을 가져오는 절차적인 문제도 있다.[44]

(3) 기본권 제한으로 인정할 수 있는 상황

문제의 핵심은 기본권주체가 사실상 제약을 받는 상황이 "어떤 조건하에서" 정당화가 필요한 "기본권 제한으로 볼 수 있는가" 하는 것이다. 물론 기본권의 제한인지 아니면 단순한 불편함을 야기하는 것인지 구별하는 기준을 정립하는 것은 결코 단순하지 않고 학계에서도 논란이 많다.[45] 그러나 다음과 같은 경우들은 고려해 볼 수 있다.

---

43) Pieroth/Schlink, Grundrechte, Rn.239.

44) Pieroth/Schlink, Grundrechte, Rn.242ff.

45) 독일 학계에서의 논란에 대해서는 Dreier, GG, Bd.I, Vorb., Rn.127, Fn. 532 참조.

국가의 특정조치가 결과적으로 기본권주체의 자유를 금지하거나, 기본권주체의 기본권행사에 대한 제재(Sanktion)로서 영향을 미친다면 기본권의 제한으로 볼 수 있다.[46] 가장 대표적인 것이 부정적인 내용을 담은 국가의 국민에 대한 공식적 경고(Warnungen)나 권고(Empfehlungen) 등이다. 개인의 활동에 대해서 국가가 적극적인 재정지원(Förderungen)을 할 때에도 경쟁상대방에게는 간접적으로 기본권의 제한이 될 수 있다.[47]

연방행정재판소(BVerwG)는 경고나 권고와 관련하여 초기에 최종목적성에 근거하여 판단했다가,[48] 후에는 의도하지 않았지만 기본권주체에게 예상할 수 있었던 부작용이 발생한 경우에도 국가의 조치가 기본권제한에 해당하는 것으로 인정했다.[49] 그러나 침해정도는 사실상 효과가 있었는지 여부만을 근거로 한다고 설시하여[50] 일관되지 못한 입장을 취하고 있다.[51] 연방헌법재판소는 글리콜(Glykol) 결정에서,[52] 적법한 국가권한에 근거하고 객관적인 경고이기 때문에 직업의 자유에 대한 제한에 해당하지 않는다고 결정하여, 학계로부터 오히려 기본권이론이 퇴보하고 새로운 문제들만 양산했다고 비판을 받았다.[53] 그러나 기본권주체에게 법적으로 상당히 중대한 결과

46) Pieroth/Schlink, Grundrechte, Rn.246.

47) Dreier, GG, Bd.I, Vorb., Rn.126; Pieroth/Schlink, Grundrechte, Rn.246.

48) BVerwGE 71, 183(193f.).

49) BVerwGE 82, 76(79).

50) BVerwGE 87, 37(41ff.).

51) Dreier, GG, Bd.I, Vorb., Rn.127.

52) BVerfGE 105, 252(265). 독일정부가 발암물질로 알려진 글리코겔(Glykol)이 함유된 포도주의 명단을 공표함으로서, 포도주업자들이 자신들의 직업의 자유와 재산권침해를 주장하며 헌법소원심판을 낸 사건이다. 글리콜 판결이 더 문제인 것은 독일정부의 발표가 전혀 법적인 근거가 없이 이루어진 것이었으며, 이 때문에 국가의 조직권한으로 법률유보문제를 대체하였다는 비판을 받아야 했다.

를 야기하는 국가의 공식적 정보들은 기본권제한으로 인정하고, 그에 대한 정당성심사를 하는 것이 바람직하다.[54]

입법자 스스로 기본권의 제한에 해당하는 경계를 법률 등을 통해 정하는 것은, 기본권제한의 결정문제를 입법자에게 맡기는 것이며, 입법자에 대한 기본권의 구속에 반하는 내용으로서 인정될 수 없다. 법원의 경우에는, 청구인이 기본권제한을 주장하지 않고, 기본권제한을 정당화하는 근거가 명백히 이유가 있으면, 법원 스스로 그 기준을 설정하는 것은 가능할 것이다.[55]

3. 기본권의 포기

(1) 개념과 의미

기본권제한은 본래 국가의 제한조치에 반하는 기본권주체의 의사를 전제하고 있다. 그런데 국가의 기본권제한에 대하여 당사자가 일방적인 의사표시로서 동의한다면 그 때는 어떻게 될까? 기본권의 포기(Grundrechtsverzicht)는 국가의 공권력행사에 동의하여, 그와 대치되는 자신의 구체적인 기본권상 지위를 주장하지 않는다는 기본권주체의 일방적 의사표시를 말한다.[56] 국가의 기본권제한과 관련된 조치에 대해서 기본권주체의 동의가 가능하고, 기본권주체의 명시적이고 자발적인 동의가 있다면 기본권에 대한 제한은 인정되지 않는다.[57] 예컨대 법관이 발부한 수색영장이 없이 찾아온 수사관에게 가

---

53) 대표적으로 Murswiek, NVwZ 2003, S.1ff.; Huber, JZ 2003, S.290ff.; Bethge, Jura 2003, S.327ff. Lindner, DÖV 2003, S.185ff. 등 참조.

54) Dreier, GG, Bd.I, Vorb., Rn.128; Murswiek, NVwZ 2003, S.1(4f.); Huber, JZ 2003, S.290(293).

55) Pieroth/Schlink, Grundrechte, Rn.250f.

56) Derer, GG, Bd.I, Vorb., Rn.129; Pieroth/Schlink, Grundrechte, Rn.131f.; Sachs, GG, vor Art. 1, Rn.53 등 참조.

택수색을 인정한 경우, 법적인 근거가 없는 우편물 검색에 대하여 허용한 경우 등을 의미한다. 이 때 기본권포기는 절대적이고 장기적인 것이 아니기 때문에, 기본권제한에 대한 당사자 동의의 효력범위와 한계가 어느 정도인가를 규명하는 것이 기본권포기의 문제다.[58]

물론 기본권은 단순히 개인의 주관적 권리 뿐만 아니라 국가구성에 있어서 중대한 규범이고, 입법자가 입법을 통해 추구하는 공익의 일부로서 포기할 수 없는 것이며,[59] 실제 공법상 기본권포기를 명시적으로 배제한 경우가 많아[60] 원칙적으로 인정되지 않는다거나[61] 기본권의 포기는 한 기본권의 완전포기(Totalverzicht)를 의미하며, 이는 인정될 수 없기 때문에 오해라는 주장이[62] 많다. 물론 제9조 제3항처럼 근로자의 단결권을 포기하는 것 자체를 인정하지 않는 헌법조항이 있는가 하면, 제16조 제1항처럼 국가의 국적박탈에 대하여 기본권주체는 자신의 의사를 표시하여 포기할 가능성을 인정하고 있는 경우도 있다. 또한 현실에서는 예컨대 강제 예방접종에 대하여 용인하는 경우 등 기본권포기가 발생할 가능성이 있을 뿐만 아니라 실제로도 많은 사례들이 인정되고 있다.[63] 기본권포기를 하나의 자유행사로 볼 수도 있지만,[64] 기본권의 객관적 기능을 강조하게 되면 기본권을 포기하거나 처분할 수 없는 것으로도 볼 수 있다.[65]

---

57) Pieroth/Schlink, Grundrechte, Rn.141.

58) Derer, GG, Bd.I, Vorb., Rn.131.

59) Stern, Staatsrecht, Bd.III/2, S.888f.

60) Stern, Staatsrecht, Bd.III/2, S.891f.

61) 대표적으로 Sachs, GG, vor Art. 1, Rn.53.

62) 대표적으로 Starck, GG, Bd.1, Art. 1 Abs. 3, Rn.301.

63) 구체적인 사례에 대해서는 Stern, Staatsrecht, Bd.III/2, S.902.

64) Dürig, AöR 1956, S.117(152); Derer, GG, Bd.I, Vorb., Rn.130.

65) Sturm, Probleme eines Verzichts auf Grundrechte, in: FS für Geiger, 1974, S.173(192ff.).

기본권의 포기는 기본권의 불행사(Grundrechtsnichtausübung, -nichtsgebrauch)와 구별된다. 기본권의 포기는 국가의 기본권제한을 전제하지만, 기본권의 불행사는 국가의 기본권제한과 관련 없이 자신에게 허용된 자유, 예컨대 결혼을 하지 않거나 재산을 처분하지 않는, 기본권행사의 포기(Ausübungsverzicht)[66] 또는 다른 형태의 자유의 행사라고 볼 수 있으며, 이를 소극적 자유(negative Freiheit)로 이해할 수도 있다.[67]

(2) 기본권포기의 요건

기본권주체의 포기가능여부를 가늠할 수 있는 독일헌법 제9조 제3항 제2문이나 제16조 제1항외에는 조항마다 개별적으로 판단할 수 밖에 없다. 개인의 주관적 권리보장뿐만 아니라 공동체의 객관적 가치질서를 보장한다는 기본권의 기능을 고려할 때, 전체적인 기본권 포기나 시간의 제한을 두지 않은 무한정의 기본권포기는 인정될 수 없다. 결국 개별적인 사안에 있어서 기본권주체에게 주어진 기본권 처분권한의 한계가 문제가 되는데, 다음과 같은 요건 하에서는 기본권의 포기가 인정될 수 있을 것이다.

첫째, 기본권주체의 주관적 자유를 행사하는 사안에 있어서는 가능하다.[68] 국가의 인구조사시 정보제출요구에 대하여 자신의 정보를 제출함으로서 자기정보결정권(informationelle Selbstbestimmung)을 포기하거나,[69] 구체적인 법원의 결정에 대해서 더 이상의 권리구제절차를 포기하는[70] 것은 가능하다. 둘째 기본권포기의 주체는 당연히

66) Sachs, GG, vor Art. 1, Rn.54.

67) Derer, GG, Bd.I, Vorb., Rn.130.

68) Derer, GG, Bd.I, Vorb., Rn.132; Sachs, GG, vor Art. 1, Rn.57.

69) BVerfGE 65, 1(43).

70) BVerfGE 9, 194(199). 물론 모든 권리구제절차를 포기하는 것은 인정되지 않는다. Pieroth/Schlink, Grundrechte, Rn.140.

해당 기본권주체만 가능하다.[71] 셋째 기본권포기의사는 자발적인 (freiwillig) 것이어야 한다(포기의 자발성).[72] 넷째 포기의 의사가 명확해야(unzweideutig) 한다(포기의사의 명확성).[73] 그 밖에도 포기의사의 법형식이나 철회여부가 등이 문제될 수 있고, 여기에 대해서는 논란이 있다.[74]

기본권 포기의사의 자발성이나 결정의 효력범위에 관한 인식이 불분명할 때는 기본권포기의 요건을 엄격히 해석할 수밖에 없다. 특히 자신의 의사와 상관없이 타의에 의한 강제적인 포기상황에 내몰릴 때 더욱 그렇다.[75] 불치병에 걸려 완치의 가능성이 없을 때, 가족들에게 부담을 주지 않기 위해서 생명권을 포기하는 경우가 여기에 해당할 수 있을 것이다.

(3) 기본권포기의 한계?

기본권을 포기할 수 없는 사례로서 다음과 같은 것들을 생각해 볼 수 있다. 첫째 혼인이나 가족 같은 제도보장(Institutgarantie)의 문제일 때다. 둘째 비밀선거원칙은 국가기관구성에 있어서 중대한 객관적 규범으로서, 특히 비밀선거의 보장을 포기할 때 다른 사람들의 선거의 자유에 영향을 줄 수 있기 때문에 포기의 한계가 문제된다.[76] 셋째 일반적으로 인간존엄에 대한 침해는 포기할 수없는 것으로 인식된다. 국가가 인간존엄을 침해할 때는 당연히 기본권포기가 인정될 수 없을 것이다. 예컨대 거짓말탐지기 도입에 대한 자발적 동의는 인정되기 어렵다. 그러나 자발적인 인간존엄의 포기(존엄의

71) Stern, Staatsrecht, Bd.III/2, S.913.

72) Sachs, GG, vor Art. 1, Rn.56; Stern, Staatsrecht, Bd.III/2, S.913f.

73) Stern, Staatsrecht, Bd.III/2, S.914.

74) 이에 대한 논란은 Stern, Staatsrecht, Bd.III/2, S.914ff. 참조.

75) Dereir, GG, Bd.I, Vorb., Rn.131.

76) Morlok, in: Dereir, GG, Bd.II, Art. 38, Rn.115ff.

불행사?)를 제한하는 것은 오히려 정당화가 빈약할 수 있다. 예컨대 스트립쇼 관람금지는 쇼를 펼치는 여성의 인간존엄이 포기될 수 없기 때문에 정당하다고 판시한 연방행정재판소의 소위 핍쇼(Peep-Show) 결정이나[77] 개인의 사생활을 보여주는 빅브러더(Big Brother) 방송프로그램, 죽을 권리, 존엄사, 환자처분권(Patientenverfügung) 등의 문제가 그러하다.[78]

Ⅲ. 기본권 제한의 헌법적 정당성 심사

국가의 기본권제한이 정당화되기 위해선 일정한 요건을 만족시켜야 한다. 먼저 기본권제한의 형식은 법률로써 하거나 법률에 근거해야 한다(법률유보). 이 때 근거가 되는 법률은 독일헌법 제19조 제1항에 근거하여, 개별사안을 규율하는 처분성을 가진 법률(소위 처분적 법률)은 안 되며, 관련된 기본권조항을 적시해야(nennen) 한다(적시의무: Zitiergebot). 또한 법률은 그 내용자체로 명확해야 한다(명확성원칙). 이 같은 요건들은 구체적인 기본권제한의 내용과 관련 없이 법률 자체의 요건에 관한 것이므로, 기본권 제한의 형식적 합헌성에 관한 문제에 해당한다.[79]

---

77) BVerwGE 64, 274(279f.): "핍쇼에 출연한 여성이 자발적이었다는 것으로 인간존엄의 침해가 허용되거나 정당화될 수는 없다. 인간존엄은 객관적이고 처분할 수 없는 가치로서 ... 개인이 존엄의 존중을 효과적으로 포기할 수는 없다. ... 개인을 넘어선 인간존엄의 의미 때문에, 존엄의 객관적 가치와 다른 주관적 생각을 관철하려는 당사자의 의도에 반해서도 인간존엄은 보호되어야 한다."

78) 이에 관한 문제는 상세하게 Dereir, GG, Bd.I, Art. 1 I, Rn.151ff. 참조.

79) 물론 법률의 일반성, 적시의무, 명확성원칙 등을 법률의 내용과 관련된 기본권제한의 한계로 볼 수도 있다. 예컨대 Pieroth/Schlink, Grundrechte, Rn.307ff. 참조. 물론 이 기준들은 구체적인 법률조항의 내용에 대한 검토가 필요하지만 결국 구체적인 기본권의 제한 내용과 관련 없이 기본권제

기본권제한의 형식에 아무런 문제가 없이 기본권을 제한하더라도 내용상 일정한 한계를 갖는다. 예컨대 기본권제한을 통해 달성하려는 목적에 비해서 과도하게 기본권을 제한하는 수단을 사용해서는 안 되며(과잉금지원칙 또는 비례원칙), 제19조 제2항에 따라 기본권의 본질적 내용을 침해해서는 안된다(본질적내용보장). 이를 기본권제한의 실질적 합헌성 심사라 할 수 있다. 이러한 기본권제한의 형식적 합헌성과 실질적 합성성 심사기준들에 대한 위반이 없으면 기본권제한은 헌법적으로 정당화될 수 있다.

1. 기본권제한의 형식적 요건

(1) 법률유보

기본권은 먼저 법률에 근거하여 제한할 수 있다. 우리 헌법과 달리 독일 기본권조항들은 개별적으로 기본권제한에 관한 법률유보내용을 가지고 있다(소위 개별적 법률유보). 법률유보의 종류에 따라 기본권조항은 단순법률유보부(mit einfachem Gesetzesvorbehalt) 기본권, 가중법률유보부(mit qualifiziertem Gesetzesvorbehalt) 기본권, 법률유보 없는(vorbehaltlos) 기본권 등으로 구분할 수 있다.

a. 단순법률유보부 기본권

기본권을 단순히 "법률로써(durch Gesetz)" 또는 "법률에 근거하여(auf Grund eines Gesetzes)" 제한할 수 있다고 규정하여, 기본권을 법률로 직접 제한하거나, 법률에 근거한 처분을 통해서 제한하도록 형

한의 형식인 법률이 갖추어야 할 요건으로 볼 수 있기 때문에, 전체적으로 기본권제한의 형식적 합헌성 심사에 해당하는 것으로 본다. 예컨대 의회유보의 경우 내용상 제한의 한계에 속하는 것으로 볼 수 있지만 기본권제한의 형식성 심사에서 논의되는 것이 일반적이다. Pieroth/Schlink, Grundrechte, Rn.277/278.

식적 조건만 규율할 뿐, 제한의 내용에 있어서 그 밖에 요건을 두지 않은 기본권들이다. 예컨대 야외에서 집회할 수 있는 권리는 "법률로써 또는 법률에 근거하여" 제한되거나(제8조 제2항), 서신 등 통신의 자유에 대한 제한은 "오직 법률에 근거하여" 할 수 있다(제10조 제2항 제1문).

다른 한편 기본권제한에 대하여 법률유보를 두었다는 것 자체는, 헌법제정자가 당해 기본권과 다른 충돌하는 기본권이나 법익을 고려하여 기본권을 제한할 수 있도록 미리 입법자에게 일정한 권한을 준 것으로도 볼 수도 있다.[80)]

b. 가중법률유보부 기본권

기본권제한에 대하여 법률유보 형식만 요구하지 않고, 기본권을 제한하는 법률의 내용에 대해서도 제한상황, 제한목적, 제한수단과 관련하여 일정한 요건이 제시된 기본권들을 의미한다. 예컨대 거주이전의 자유는 법률로써 또는 법률에 근거하여 제한하지만, "충분한 생활근거의 부족으로 일반(Allgemeinheit)에게 특별부담이 발생할 때, 연방이나 주의 존립 또는 자유민주적 기본질서에 대한 위협을 방지하기 위해, 전염의 위험방지를 위해, 자연재해나 대형사고의 경우, 방치위험으로부터 청소년보호를 위해, 범죄행위의 예방을 위해 필요한 경우에" 한하여 제한할 수 있다.

c. 법률유보 없는 기본권

기본권제한에 대하여 법률유보형식도 요구하지 않고, 아무런 제한을 예정하고 있지 않는 기본권들이 이에 해당하는데, 예컨대 제4조 제1항, 제2항의 신앙·양심·종교의 자유와 제5조 제3항의 예술·학문의 자유에 대해서는 기본권제한에 대한 아무런 근거규정이 없다.

---

80) Pieroth/Schlink, Grundrechte, Rn.331.

이는 헌법제정자가 당해 기본권과 다른 헌법상 법익이 충돌할 위험이 존재하지 않는다고 보았기 때문에 그럴 수 있다.[81] 따라서 이러한 기본권의 과도한 사용은 당연히 다른 헌법상 이익이나 기본권들과의 충돌 내지 갈등을 가져올 수 있다.[82] 예컨대 종교의 자유를 주장하며 병역의무를 거부하거나, 학문의 자유를 주장하며 인체실험을 남용하는 경우 등이 그러하다.

d. 입법자의 기본권 제한 가능성

형식적으로만 본다면 입법자는 법률유보 없는 기본권에 대해서는 제한 권한이 없고, 가중법률유보부 기본권에 대해서는 일정한 내용상 요건을 준수한 채 법률로써 기본권을 제한할 수 있으며, 단순법률유보부 기본권에 대해서는 특별한 내용의 제한 없이 법률의 형식을 갖추어 기본권을 제한할 수 있다. 그러나 기본권의 제한가능성을 예정하고 있지 않은 경우에도 실제로 기본권제한가능성을 인정할 필요가 있다면, 기본권제한의 요건은 아주 예외적으로 인정되거나, 단순법률유보부 기본권이나 가중법률유보부 기본권의 경우보다 더 엄격하든지, 최소한 같은 정도이어야 한다.[83]

반면에 헌법이 양심적 병역거부(제4조 제3항)와 선거권(제38조)에 대해서는 오히려 입법자에게 형성적인 규율권한(Regelungsermächtigungen)을 부여하고 있어서 상당히 광범한 입법재량이 인정될 것으로 보인다. 그러나 연방헌법재판소는 형성권한이 있는 기본권의 규율에 있어서도 입법자는 기본권의 핵심적 내용에 대해서는 구속되며, 입법자가 비례원칙에 위반될 정도로 너무 과도하게 규율한 경우에는 위헌으로 결정할 수 있다고 판시했다.[84]

---

81) Pieroth/Schlink, Grundrechte, Rn.332.

82) Pieroth/Schlink, Grundrechte, Rn.259.

83) Pieroth/Schlink, Grundrechte, Rn.333f.

84) BVerfGE 7, 77(84ff.); 28, 243(260f.).

(2) 헌법내재적 한계?

a. 개념

단순법률유보부 기본권이나 가중법률유보부 기본권과 달리 법률유보 없는 기본권은 기본권조항에 아무런 제한근거를 설정하고 있지 않아서 결코 제한할 수 없는 것인가? 연방헌법재판소는 이에 대하여 "헌법의 통일성(Einheit der Verfassung)과 헌법이 보장하는 전체 법질서를 고려할 때, 법률유보 없는 기본권도 개별적인 사안에 있어서 그와 충돌하는 제3자의 기본권과 헌법적 가치가 있는 다른 법익(mit Verfassungsrang ausgestattete Rechtsgüter)을 통해서만 제한될 수 있다"고[85] 판시했다. 개인은 공동체의 법질서 속에서 다른 사람의 생활영역과 밀접한 관련을 맺으며 함께 살아가기 때문에 그러한 결론은 당연한 것이다.[86] 법률유보 없는 기본권은 명문상 아무런 제한근거가 없지만, 전체 헌법질서 속에 내재하는 다른 가치들 때문에 일정한 제한이 가해질 수 있다는 것이다.

b. 충돌하는 타인의 기본권

기본권의 충돌(Grundrechtskollisionen)이란 서로 다른 기본권주체간에 서로 같은 기본권행사가 경합하거나 서로 다른 기본권행사가 갈등관계에 있어서 조정할 필요성이 있는 경우를 말한다.[87] 예컨대 자녀들이 어머니에 대하여 자신들의 친부에 대한 정보를 요구할 때, 자녀들은 자신들의 출신(Abstammung)에 대한 정보권(제2조 제1항의 일반적 인격권)이, 모의 경우에는 자신의 성적 자기결정권과 사생활의 보호(제2조 제1항의 일반적 인격권)가 갈등하게 된다. 다른 한편 기자가 유명인사에 대한 사생활을 보도하는 경우에는 기자의 표현의 자

85) BVerfGE 28, 243(261).

86) BVerfGE 77, 240(253).

87) Dereir, GG, Bd.I, Vorb., Rn.157.

유(제5조 제1항)와 상대방의 사생활의 보호(제2조 제1항)가 갈등을 일으키게 된다.

헌법내재적 한계로 인정되는 타인의 기본권은 기본권충돌의 경우 쉽게 이해할 수 있다. 예컨대 학문의 자유 때문에 타인의 신체나 개인정보를 함부로 무시할 수는 없다. 그러나 여기서 말하는 타인의 기본권은 독일헌법 제2조 제1항의 타인의 권리(Rechte anderer)로 이해하는 것은 문제가 있다. 먼저 제2조 제1항의 타인의 권리는 일반적 인격권 행사와 관련된 것이며, 만일 이를 인정한다면 헌법제정자가 전혀 의도하지 않았던 헌법적 제한이 법률유보 없는 기본권에 발생하는 것이기 때문이다.[88] 연방헌법재판소도 법률유보 없는 기본권이 독일헌법 제2조 제1항의 소위 "제한 3총사(Schrankentrias)", 즉 타인의 권리, 헌법적 질서(verfassungsmäßige Ordnung), 도덕률(Sittengesetz)에 의해 제한된다는 견해를 받아들이지 않았다.[89]

c. 헌법적 가치가 있는 법익

연방헌법재판소가 일정한 헌법적 가치가 있는 법익들로서 언급한 것들은 연방군대제도(Bundeswehr),[90] 형사사법의 기능발휘(funktionstüchtige Strafrechtspflege),[91] 안전한 의료보장,[92] 에너지공급 보장,[93] 청소년보호[94] 등 다양하다. 심지어 동물보호(Tierschutz)가 헌법적 가치인지 여부에 대한 논란이 있다가 2002년 제20a조 헌법개정으로 해결되었다. 이러한 것들은 법률유보 없는 기본권이 제한할 수 없는

88) Dereir, GG, Bd.I, Vorb., Rn.139.
89) BVerfGE 30, 173(192); 32, 98(107).
90) BVerfGE 28, 243(261).
91) BVerfGE 33, 23(32).
92) BVerfGE 57, 70(99).
93) BVerfGE 66, 248(258).
94) BVerfGE 30, 336(347f.).

기본권이 아니며, 다른 기본권에 비하여 결코 우월한 지위를 갖지 않음을 보여주는 것이다.[95)]

d. 결과: 기본권제한의 정당화를 통한 상충하는 법익간 조정

그러나 법률유보 없는 기본권과 충돌하는 타인의 기본권 내지 헌법적 가치를 갖는 법익 사이에 조정은 결국 민주적 정당성을 갖는 입법자가 할 수 밖에 없다.[96)] 이 때 입법자는 충돌하는 기본권이나 법익이 가능하면 모두 실현될 수 있도록 최적화(Optimierungsgebot), 실제적 조화(praktischer Konkordanz)[97)] 내지 손해 없는 조정(schonendeste Ausgleich)[98)] 등에 노력해야 한다. 물론 이러한 노력은 법률유보 없는 기본권에 대하여도 (입법자에 의한) 법률로써 기본권을 제한하게 하는 결과를 가져온다.[99)]

다만 여기서 주의할 것은 입법자가 법률유보 없는 기본권의 제한을 법률로 규율하며 조정할 때, 보호영역의 축소를 통해서가 아니라 주로 제한의 정당화를 통해서 해결해야 한다는 점이다.[100)] 예컨대 체계적 해석이란 미명하에, 양심의 자유나 종교의 자유를 좁게 해석하여 양심상 또는 종교적 시각에 근거한 단순한 언행은 법률유보 없는 제4조가 아니라 일정한 제한이 가해질 수 있는 제5조 제1항의 표현의 자유를 통해 제한을 받을 수 있도록 하는 것이다. 그러나 이는 법률유보 없는 기본권의 보호영역에서 문제가 되는 행태를 배제함으로서 아예 처음부터 충돌상황을 만들지 않는 것이 된다. 이러한 법률유보 없는 기본권의 보호영역의 축소는 기본권제한의 근거라는

95) Dereir, GG, Bd.I, Vorb., Rn.141.
96) Sachs, GG, vor Art. 1, Rn.128.
97) Hesse, Verfassungsrecht, Rn.72.
98) Lerche, Übermaβ und Verfassungsrecht, S.153.
99) Sachs, GG, vor Art. 1, Rn.125.
100) Dereir, GG, Bd.I, Vorb., Rn.142.

법률유보기능을 박탈하고, 입법자가 법률을 통해 보호영역을 설정해 버리도록 만든다.[101] 뿐만 아니라 충돌하는 기본권들과 미리 조정하여 보호영역을 설정한다면 보호영역은 충돌사례마다 달라져, 보호영역의 범위자체가 불분명하게 될 수 있다.[102]

결국 입법자는 법률유보 없는 기본권의 보호범위 자체는 축소하지 않고 세심한 주의를 기울여 설정해야 한다. 그 후에 충돌하는 다른 기본권이 법률유보 없는 기본권을 제한하는 것으로서 이해하고, 이에 대한 정당화를 입증하도록 노력해야 한다. 입법자가 충돌하는 기본권을 형량하여 미리 보호영역을 축소할 때에는 실질적인 기본권제한에 대한 정당화 입증부담이 없지만, 충돌하는 기본권이 법률유보 없는 기본권을 제한하는 것을 인정하고 이를 정당화하려고 노력한다면(제한의 정당성 근거로서 충돌하는 헌법: kollidierendes Verfassungsrecht als Eingriffsrechtfertigung), 기본권제한에 대한 입증부담 때문에 법률유보 없는 기본권은 어느 정도 강하게 보호될 수 있기 때문이다.

(3) 의회유보(본질성이론)

법률유보원칙은 행정에 의한 기본권제한을 정당화 하기위한 요건으로서, 행정이 법률에 의한 수권을 가질 것을 요구하는 것이다. 본래 법률유보원칙이 요구하는 법률상 수권은 그 여부(Ob)만 문제가 된 것이지, 법률상 수권의 내용(Wie)에 대해서는 아무런 내용을 규정하고 있지 않다. 따라서 입법자는 법률을 상세하게 규율하여 행정에 집행을 위임할 수도 있고, 법률은 대략적으로 규율하고 행정의 독자적인 규율권한을 넓게 인정하여 위임하는 것도 가능했다.

"법률로써(역초 Gesetz)" 기본권을 제한한다는 것은 의회가 제정한

---

101) Pieroth/Schlink, Grundrechte, Rn.323.

102) Pieroth/Schlink, Grundrechte, Rn.324.

형식적 의미의 법률을 통해 기본권을 제한해야 한다는 것이다.[103] "법률에 근거하여(auf Grund eines Gesetzes)" 기본권을 제한한다는 것은 하위규범인 법규명령(Rechtsverordnung) 같은 실질적 의미의 법률도 형식적 의미의 법률에 근거를 두어야 한다는 뜻이다.[104] 앞에서 언급한 가중법률유보부 기본권을 제한하는 경우 입법자는 단순히 형식적 의미의 법률을 제정할 뿐만 아니라, 규율내용도 헌법이 요구하는 가중된 요건을 준수해야 한다. 입법자가 그러한 요구를 제대로 준수했는지 판단할 수 있는 기준은 포괄위임금지원칙이다. 즉 입법자의 법규명령에 대한 수권은 위임내용, 목적, 범위에 있어서 특정되어야(bestimmt) 한다(제80조 제1항 제2문).

하지만 입법자의 수권은 그 목적과 내용, 범위에 있어서 특정될 수 있지만, 그럼에도 넓게 위임될 수 있다. 연방헌법재판소는 이 때문에 입법자가 폭넓게 행정권에 위임하는 것을 방지하기 위하여 소위 본질성이론(Wesentlichkeitslehre)을 도입하게 되었다. 즉, 기본권제한의 전제조건, 상황, 결과 등에 있어서 본질적인 결정은 입법자 스스로 결정해야 한다는 것이다.[105] 기본권제한 내용에 관한 본질적인 사항을 의회 스스로 결정한다는 의미에서 의회유보(Parlamentsvorbehlalt)라고 하는데,[106] 문제는 어떤 내용들이 본질적인가 하는 점이다. 본질성 여부에 대한 명확하고 일반적으로 인정된 기준은 없고,[107] 기본권이 제한당하는 정도(Intensität)에 따라서, 개별적으로 평가될 수 밖에 없을 것이다.[108] 예컨대 양적으로 너무 많은 기본권행사 내용이 제한당하거나, 시간적으로 너무 장기간 제한당하거나, 주관적 권리

103) Sachs, GG, vor Art. 1, Rn.108.

104) Sachs, GG, vor Art. 1, Rn.110f.

105) BVerfGE 61, 260(275); 88, 103(116).

106) Pieroth/Schlink, Grundrechte, Rn.264.

107) Schulze-Fielitz, in: Dereier, GG, Bd.II, Art.20(Rechtsstaat), Rn.121.

108) Pieroth/Schlink, Grundrechte, Rn.266f.

뿐만 아니라 객관적 내용까지도 제한하는 경우에는 당해 기본권제한에 관한 본질적인 사항으로서 입법자 스스로 결정해야 할 것이다.

(4) 기본권제한 법률에 대한 법치국가적 요구

a. 법률의 일반성

독일헌법 제19조 제1항 제1문은 기본권을 제한하는 법률이 "일반적인(allgemein) 효력을 가지며, 개별사안(Einzelfall)만을 위한 효력을 가질 수 없다"고 규정한다. 이는 기본권을 제한하는 법률의 일반적인 성격(Allgemeinheit)을 요구하는 것인데, 여기에 대해서는 주의가 필요하다. 전통적인 법률의 개념은 불특정 다수사안에 대하여 추상적(abstrakt)으로 규정되고, 다수인에게 보편적(generell)으로 적용되는 것으로 이해되었다.[109] 이는 입법자가 권력분립원칙에 위반하여 행정영역에 법률의 형식으로 침범하는 것을 방지하기 위한 것이었다. 이는 다른 한편 법률의 규정 자체가 차별적으로 적용됨으로서 평등원칙의 위반이 발생하는 것을 방지하기 위한 것이기도 했다. 그래서 소위 구체적이거나 개별적으로 적용되는 처분적 법률(Maβnahmengesetz)은 금지되었다.

하지만 법률은 구체적인 사안에 관하여 규율해야 하는 것이다. 또한 민주적 헌법국가에서 법률은 민주적 정당성을 가진 국민의 대표(의회)에 의하여 제정이나 개정될 때마다 정당성을 새롭게 획득하기 때문에, 구체적인 사안에 관한 규제를 규율의 형식적인 이유로 금지하는 것은 문제가 있다.[110] 다른 한편 표현형식이 추상적 보편적(abstrakt-generelle)으로 규정된 법률도 실제 적용에 있어서는 아주 개별적 사안만을 규율할 수 있기 때문에, 단순히 규율형식의 추상성(Abstraktheit)과 보편성(Generalität)만을 가지고 법률의 일반성

---

109) Dreier, GG, Bd.I, Art. 19 I, Rn.2.

110) Dreier, GG, Bd.I, Art. 19 I, Rn.13.

(Allgemeinheit)을 평가하기는 어렵다.[111]

개별사안 법률(Einzellfallgesetz)에 대해서는 일반성을 인정할 순 있어도 여전히 개별인법률(Einzellpesonengesetz)에 대해서는 허용할 수 없는 것으로 볼 수도 있다. 그러나 법률의 성격상 실제 구체적인 개인이 언급되거나 아주 개별적으로 규율될 가능성은 적고, 일반적이고 추상적인 규정의 형식 때문에 이를 구체적으로 구별하기란 쉽지 않을 것이다.[112] 이는 법률이 행정처분적 성격을 갖는지 여부를 판단할 때도 마찬가지다.[113] 다만 평등원칙에 위반되는 경우, 예컨대 법률이 특정인을 구체적으로 열거하거나, 형식적으로는 일반성과 추상성을 띠고 있으나 특정인을 지향하는(소위 은폐된 개별인법률: verstecktes Individualgesetz) 경우는 법률의 일반성을 인정할 수 없다.[114]

b. 적시의무

독일헌법 제19조 제1항 제2문은 기본권을 제한하는 법률이 "해당 기본권 조항을 제시해야(nennen)" 한다고 규정하고 있다. 이는 법률의 내용과 관련 없이, 법률의 형식을 제한함으로써 기본권을 보장하려는 것이다.[115] 입법자가 기본권을 제한할 때는 어떤 기본권을 제한하는지, 해당 기본권에 미치는 영향이 어떠한 지에 유념하도록 경고하는 것이며, 법률의 해석과 적용에 있어서 명확성을 제공하기 위한 것이다.[116]

---

111) BVerfGE 99, 367(400).
112) Dreier, GG, Bd.I, Art. 19 I, Rn.14.
113) Dreier, GG, Bd.I, Art. 19 I, Rn.15.
114) Dreier, GG, Bd.I, Art. 19 I, Rn.16; Pieroth/Schlink, Grundrechte, Rn. 308f.
115) Dreier, GG, Bd.I, Art. 19 I, Rn.18.
116) Pieroth/Schlink, Grundrechte, Rn.310.

그러나 연방헌법재판소는 법률의 적시의무 이행여부에 대해서는 엄격한 심사를 피하고 있다. 예컨대 제19조 제1항에서 기본권이 "법률로써 또는 법률에 근거하여 제한될 수 있을 때" 기본권의 적시의무가 요구되고, 기본권의 적시의무 때문에 "입법자의 사무가 불필요하게 방해되어서는 안된다"고[117] 판시하고 있다. 기본권조항 중에 이러한 요건을 갖춘 경우가 많지 않고 또한 적시의무에 대한 수많은 예외가[118] 인정됨으로서 적시의무의 의미는 퇴색하였다.[119]

c. 명확성 원칙

명확성의 원칙이란 기본권을 제한하는 법률의 내용은 원칙적으로 어떤 기본권이 제한될 것인지 충분히 알 수 있을 정도로 확정적이고(bestimmt) 명확해야(klar) 한다는 것이다.[120] 법률의 내용이 명확해야 함을 요구한다고 해서 소위 불확정개념(unbestimmte Rechtsbegriffe)을 사용할 수 없다는 의미는 아니며, 구체적 해석이 필요한 일반조항(Generalklauseln)도 기본적으로 허용된다.[121]

법치국가원리상 죄형법정주의 원칙에 근거하여 헌법 제103조 제2항에서 요구하고 있는 법률의 확정성원칙(Bestimmtheitsgebot)을 일반

117) BVerfGE 35, 185(188).

118) 구체적인 사례에 대해서는 Dreier, GG, Bd.I, Art. 19 I, Rn.22ff. 참조.

119) Dreier, GG, Bd.I, Art. 19 I, Rn.20.

120) 물론 법률의 확정성(Bestimmtheit)과 법률의 명확성(Klarheit)은 구분된다. 전자는 규범의 수범자가 규율내용과 그 결과를 예측할 수 있을 정도로 법률의 구성요건이 정확하게 표현되어 있을 것을 요구하고(Schulze-Fielitz, in: Dereier, GG, Bd.II, Art.20(Rechtsstaat), Rn.129ff.), 후자는 규범의 수범자가 특별한 전문적 지식이 없이도 법적 규율내용을 충분히 이해하고 확신할 수 있을 정도로 법률의 내용이 모순되지 않고 이해할 만 해야 한다는 것이다(Schulze-Fielitz, in: Dereier, GG, Bd.II, Art.20 (Rechtsstaat), Rn.141ff.). 그러나 여기서는 그러한 구분을 따르지 않고 일반적인 의미로서 법률의 명확성을 사용한다.

121) Schulze-Fielitz, in: Dereier, GG, Bd.II, Art.20(Rechtsstaat), Rn.133.

적인 기본권제한에 대한 심사에 있어서도 적용할 것인지는 의문이 있을 수 있다. 불명확한 법률로 개인의 기본권제한 가능성이 열리면, 이는 법률이 본래 의도한 바 이상의 기본권제한을 가져옴으로써 비례원칙에 위반되기 때문이다. 그러나 법률의 명확성이 기본권주체에게 허용되는 것과 허용되지 않는 것에 대한 예측가능성을 제공하기 때문에 독자적인 의미가 있으며, 법률이 불명확하면 비례원칙에 이르지 않고도 이미 위헌인 것이다.[122)]

d. 법적안정성과 신뢰보호

법률을 통한 기본권의 제한은 기존 법률에 대한 신뢰보호와 법적안정성을 침해해서는 안된다. 이는 보통 소급입법금지(Verbot rückwirkender Gesetze)로 나타난다. 소급입법형식은 기본권제한의 형식적 요건에 해당될 수 있지만, 최근에는 소위 협의의 비례성심사에서[123)] 주관적인 당사자의 수인가능성 내지 예측가능성에 있어서 반영되는 경향이 강하다.[124)]

2. 기본권제한의 내용적 한계

기본권제한이 형식적 요건을 갖추어 인정된다 하더라도, 기본권제한은 무한정 허용되는 것이 아니라 다시 일정한 한계를 갖게 되는데, 이를 기본권제한의 한계(Scharnaken-Schranken)라 부른다. 예컨대 국가가 개인의 신체의 자유(제2조 제2항)를 제한할 수 있지만, 다른 기본권조항(제104조 제1항 제2문)에 규정된 것처럼 피의자를 구금한 경우라도 정신적(seelisch) 또는 신체적(körperlich)인 학대를 할 수는 없다. 가중법률유보부 기본권의 경우에도 이론적으로는 일정한

---

122) Pieroth/Schlink, Grundrechte, Rn.312f.

123) 제5장 Ⅲ, 2, (1), d 참조.

124) Pieroth/Schlink, Grundrechte, Rn.295a.

기본권제한의 한계를 담고 있다고 볼 수 있으며, 의회유보의 경우에도 의회가 본질적인 사항에 대해서 결정해야 하는 형식적 한계를, 제도보장의 경우에도 제도의 핵심에 대해서는 입법자가 처분할 수 없는 한계를 담고 있다고 볼 수 있다. 그러나 실제에 있어서 중요한 문제가 되는 것은 비례원칙과 기본권의 본질적 내용보장이며, 여기서는 이를 중심으로 다룬다.

(1) 비례원칙

과잉금지(Übermaβverbot)원칙 또는 넓은 의미의 비례원칙(Verhältnismäβigkeitsprinzip i.w.S.)은 본래 경찰행정법 영역에서 발전한 것이지만, 현재는 모든 국가권력행사에 적용되고 있는 법치국가에 있어서 중요한 원리다.[125] 비례원칙의 근거는 법치국가원리, 일반적인 법원칙, 기본권의 본질, 평등원칙 등에서 찾고 있다. 비례원칙은 연방과 주의 관계문제,[126] 지방자치단체의 자치행정[127] 등에 관해서는 적용되지 않지만, 헌법상 중요원칙이란 점은 의문의 여지가 없다.[128]

연방헌법재판소가 판례를 통해 가장 중요한 기본권 제한의 한계(Schrnken-Schrnken)로 인정하고 있는 비례원칙이란, 국가가 기본권제한을 통해 추구하는 목적은 그 자체로서 인정할 수 있을 정도로 정당해야 하며(입법목적의 정당성), 국가가 입법목적을 실현하기 위해 선택한 수단은 목적실현에 적합한 것일 뿐만 아니라(제한수단의 적합성), 입법목적을 달성하는데 필요한 것이어야 하며(제한수단의 필요성), 이 때 입법목적 실현을 통한 공익과 기본권제한을 통한 사익의 침해 간에는 적절한 균형관계를 유지해야 한다(협의의 비례성, 적정성, 수인가능성)는 것이다. 그 밖에 연방헌법재판소는 비례원칙 대신 직

125) Lerche, Übermaβ und Verfassungsrecht, 2.Aufl., 1999, S.24ff.

126) BVerfGE 81, 310(338).

127) BVerfGE 79, 127(147ff.)

128) Dreier, GG, Bd.I, Vorb., Rn.145.

업의 자유(제12조) 경우에는 소위 "3단계이론(Dreistufentheorie)", 표현의 자유(제5조 제1항) 경우에는 "상호작용론(Wechselwirkungslehre)" 등을 가지고 심사하기도 하였으나, 비례원칙과 함께 심사하기도 한다.

a. 목적의 정당성(Legitimität des Zwecks)

쉽게 간과될 수도 있는 문제이지만, 가장 먼저 전제가 되어야 할 것은, 입법자의 기본권을 제한하는 목적에 정당성이 있어야 한다는 것이다. 이는 입법자뿐만 아니라 집행권도 마찬가지로 모든 국가의 행위의 목적은 정당하고, 정확히 확정(genau bestimmt)되어야 한다.[129) 모든 공권력행사의 목적은 정당(legitim)해야 하는데, 집행권과 사법권은 공권력 행사의 정당성을 법률에 근거를 두어야 하고, 입법자는 독일헌법(Grundgesetz)에 따른 목적설정권한(Zwecksetzungskompetenz)으로부터, 즉 헌법에 맞는 목적을 추구할 때 정당하다.[130)

종종 입법목적의 정당성은 기준점(Bezugspunkt)으로 파악할 뿐 비례원칙의 3단계에는 포함시키지 않는 경우도 있다.[131) 그러나 연방헌법재판소는 지속적으로 관련 조치가 "공공복리를 위한 충분한 근거(hinreichende Gründe des Allgemeinwohls)를 가지고 정당화될 수 있는지" 심사한다.[132) 목적의 정당성을 비례원칙의 한 내용으로 본다고 해서 크게 문제되지 않는다.

b. 수단의 적합성(Geeignetheit des Mittels)

구체적인 목적을 달성하기 위하여 국가가 선택한 수단은 목적을 실현하는데 조금이라도 효과가 있어야(überhaupt tauglich) 한다. 여기

---

129) BVerfGE 110, 33(55).

130) Schulze-Fielitz, in: Dereier, GG, Bd.II, Art.20(Rechtsstaat), Rn.181.

131) Pieroth/Schlink, Grundrechte, Rn.283ff; Schulze-Fielitz, in: Dereier, GG, Bd.II, Art.20(Rechtsstaat), Rn.182ff.

132) BVerfGE 78, 77(85); 81, 156(188f.); 86, 28(41); 95, 173(183); 101, 331(348f.) 등 참조.

서 주의해야 할 것은 두 가지다. 첫째, 수단의 적합성은 “국가가 선택한 목적”에 대하여 “국가가 선택한 수단”과 관계를 심사하는 것이다. 둘째 그렇기 때문에 다른 수단과의 비교가 아니라, 문제가 된 수단 자체가 국가가 설정한 목적을 실현하는데 기여를 하는가 여부만 판단하면 된다. 국가가 선택한 수단이 모든 경우에 효과적이어야 하거나, 가장 적합해야 하는 것을 요구하는 것이 아니다.[133] 따라서 적극적으로 수단이 목적에 적합한지 심사하기보다, 일반적으로는 국가가 선택한 수단이 목적을 이루는데 전혀 효과가 없거나(evident untauglich) 전혀 적합하지 않은(krass ungeeignet) 경우에 해당하는지를 심사한다.

연방헌법재판소는 예컨대 교통안전을 위해서 소형차량에 동승할 때는 반드시 국가가 공식적으로 인정한 절차를 통해서 허가를 받도록 요구한다든지,[134] 매사냥허가를 위해서 총기류에 대한 전문적 지식을 갖고 있다는 증명서를 요구하는 경우를[135] 이에 해당한다고 판단했다. 물론 국민들의 폐암발생을 줄이기 위하여 담배에 너무 과격한 경고문구를 표시하도록 강제한다면 논란이 될 수 있다. 그러나 전체적으로 연방헌법재판소는 적합성을 엄격히 심사하지 않고, 최근에 와서는 적합성 위반이 인정된 경우가 드물다. 이는 사안해결을 선택한 입법자의 형성권한이나 평가권한을 존중하기 때문이다.[136] 또한 사안이 너무 복잡하고 전문적이어서 원인과 결과, 효과 등에 관한 평가가 쉽지 않을 때는 입법자에게 판단여지를 인정하는 것이 합리적이다.[137]

---

133) Sachs, GG, Art. 20, Rn.150; Schulze-Fielitz, in: Dereier, GG, Bd.II, Art.20(Rechtsstaat), Rn.182.

134) BVerfGE 17, 306(315ff.).

135) BVerfGE 55, 159(165ff.).

136) Sachs, GG, Art. 20, Rn.151.

137) Dreier, GG, Bd.I, Vorb., Rn.147; Schulze-Fielitz, in: Dereier, GG,

c. 수단의 필요성(Erforderlichkeit des Mittels)

필요성심사는 과잉금지원칙의 핵심으로서, 국가가 선택한 수단은 동일한 목적달성효과를 이룰 수 있는 다른 수단(Alternative)과 비교할 때, 기본권을 덜 침해하는 다른 수단이 없어야 한다는 것이다. 수단의 필요성은 국가가 선택한 수단 외에, 목적을 이루기 위한 다른 대안, 특히 수단으로 인한 기본권제한의 강도를 가능한 약화시킬 다른 방법을 찾아보고, 비교 · 평가하는 것이다. 비교대상이 될 수 있는 것은 제한수단의 종류, 정도, 관련당사자의 숫자, 제3자에 대한 효과, 그 밖에 부작용 등이다. 기본권을 덜 침해하는 다른 대안이 있다면 본래 채택되었던 수단은 필요가 없고, 필요성에 위반된 것이다.

여기서 주의해야 할 것은, 비교대상이 되는 대안이 목적을 실현하는데 원칙적으로 국가가 선택한 수단과 "동일한 정도의 효과(gleiche Effektivität/Wirsamkeit)"를 가질 것을 전제한다.[138] 따라서 기본권제한이 덜하다는 이유만으로 수단의 필요성을 부정해서는 안된다. 예컨대 대안이 기본권제한의 정도는 덜하지만, 제3자에게 더 많은 부담을 준다거나, 공익에 더 큰 부담을 줄 때, 또는 엄청난 재정적 부담을 가져올 때는 국가가 선택한 수단의 필요성은 부정되지 않는다. 하지만 일반적으로 목적실현의 효율성과 기본권의 제한정도는 비례한다. 예컨대 기본권을 제한하는 정도가 약하지만 목적실현은 효과도 떨어지는 경우에는, 국가가 선택한 수단에 대한 필요성을 고려해 볼 수 있다.[139] 이는 두 가지로 나누어 볼 수 있다. 법률의 경우에는 입법자의 평가고권(Einschätzungsprerogative)이 인정되기 때문에

Bd.II, Art.20(Rechtsstaat), Rn.182.

138) Dreier, GG, Bd.I, Vorb., Rn.148, Sachs, GG, Art. 20, Rn.152; Schulze-Fielitz, in: Dereier, GG, Bd.II, Art.20(Rechtsstaat), Rn.183.

139) Sachs, GG, Art. 20, Rn.153.

역시 수단의 필요성이 부정되기 어려울 것이다. 반대로 집행권에 의해 취해진 조치가 문제되는 경우, 항시 존재하는 위험방지를 위한 목적의 법률이 수권한 경우가 아니면 기본권을 제한당하는 개인에게 유리하도록 판단하는 것이 합리적이다.[140)]

결국 국가가 선택한 수단과 동일한 정도로 목적을 달성하면서, 국가의 조치보다 덜 기본권을 제한하는 대안이 있을 때만 국가가 선택한 기본권 제한 수단의 필요성이 부정되고 위헌으로 판단할 수 있다. 예컨대 어린이들이 장난감으로 혼돈할 수 있는 위험 때문에 부활절토끼 쵸콜릿(Schokoladenosterhasen) 판매를 금지한 것은, 식품에 일정한 표시의무를 부과함으로써 식품의 혼란위험을 방지할 수 있기 때문에 필요성이 인정되지 않고,[141)] 오락장의 수익을 공익상 목적으로 사용하기 위해서 공법상 주체에게만 오락장을 허가하는 것은, 사인에게도 오락장을 허가하고 그 수익을 공익에 사용하도록 규제할 수 있기 때문에 필요성이 인정되지 않았다.[142)]

적합한 것은 동시에 필요할 수도 있지만, 필요한 것이 적합하지 않을 수는 없다. 따라서 수단의 적합성은 인정되지만 수단이 필요성은 인정되지 않을 수 있다. 그러나 필요성이 인정되지 않음에도 적합성이 인정된다고 비례성을 인정할 수는 없는 것이다. 적합성과 필요성은 분명 그 의미가 다르다. 그러나 비례성을 심사하는 전략상 적합성은 중요하다. 적합성을 통과해야 필요성을 심사할 수 있기 때문이다.[143)]

d. 적정성(협의의 비례원칙)

적합하고 필요한 국가의 기본권제한조치는 기본권의 제한정도와

140) Pieroth/Schlink, Grundrechte, Rn.287.

141) BVerfGE 53, 135(145ff.).

142) BVerfGE 102, 197(217f.).

143) Pieroth/Schlink, Grundrechte, Rn.288.

기본권의 의미에 대하여 적정한 관계를 유지해야 한다. 이를 협의의 비례성(Vehältnismäβigkeit i.e.S.), (객관적인) 적절성(Amgemessenheit), 적정성(Proportionalität) 또는 (기본권을 제한당하는 사람의 주관적) 수인가능성(Zumutbarkeit)이라고 일컫는다.[144] 이는 목적과 수단을 비교하는 것이 아니라, 기본권제한의 목적(공익)과 기본권이 제한된 정도(사익) 간을 비교형량(Abwägung)하는 것이다. 기본권을 제한당하는 사익과 이를 정당화하는 공익간 전체형량(Gesamtabwägung)은 일정한 한계가 있고,[145] 때로는 경과규정(Übergangsregelung)이나 재정적 보상조치 등을 통해 해결될 수도 있다.[146]

하지만 협의의 비례성에는 비판이 따른다. 먼저 판례와 다수견해는 공익과 사익에 관계된 모든 것을 형량할 것을 요구하는데, 입법자는 처음부터 모든 구체적이고 주관적인 상황까지 고려하기 힘들다. 무엇보다 이러한 형량을 위한 합리적이고 구속력 있는 기준이 아직은 명확히 제시되지 못하고 있다. 예컨대 기본권의 가치질서 등을 심사기준으로 주장하지만 그 내용이 무엇인지는 입증하지 못한다. 오히려 합리성을 입증하기 위해 심사자의 주관적 판단이나 선입관의 영향을 받는 위험에 빠질 수 있다. 연방헌법재판소가 주관적인 판단으로 입법자의 판단을 대체하는 것은 정당화되기 어렵다. 객관적 기준정립이 어렵고 주관적 판단만 가능하다면, 이는 주관적인 것에 대한 정당성이 요구되고, 정책적인 문제가 될 것이다.[147] 따라서 슐링크(B. Schlink)는 적정성에 대한 심사를 단순히 "동의여부에 대한 통제(Stimmigkeitskontrolle)"로써, 필요성심사를 거쳤음에도 불구하고 심사의 결과가 불합리(unsinnig)할 때는 다시 한 번 세심한 주의를

144) Schulze-Fielitz, in: Dereier, GG, Bd.II, Art.20(Rechtsstaat), Rn.184.

145) BVerfGE 83, 1(19).

146) BverfGE 58, 137(150); 79, 174(192).

147) Pieroth/Schlink, Grundrechte, Rn.293.

기울여 비례원칙을 검증하고, 예외적으로 수정하라는 의미 정도로 본다.[148] 그러나 주관적 가치개입의 위험 때문에 적정성심사를 포기하더라도, 여전히 주관적 평가가 전단계인 필요성심사로 전가될 위험이 남는다.[149]

연방헌법재판소는 아주 경미한 형사사건에서 기소를 위하여 상당히 위험한 결과를 야기할 수 있는 골수의 강제채취,[150] 전혀 출소의 가능성이 없는 무기징역형의 경우[151] 비례성이 없는 것으로 판단하였다.

(2) 기본권의 본질적 내용보장

독일헌법 제19조 제2항에 따르면 "어떤 경우(in keinem Falle)에도 기본권의 본질적 내용(Wesensgahalt)은 침해(angestatet)할 수 없다." 이 조항은 입법자의 무제한적인 법률로부터 기본권의 보호내용이 완전히 박탈되거나 기본권이 형해화되는 것을 방지하기 위한 것이다. 기본권의 본질적 내용을 보장하는 것은 결국 국가권력에 의한 기본권제한에 대한 한계를 설정하는 것이다.[152] 본질적 내용이 보장되는 기본권은 모든 기본권이다.[153] 기본권의 본질적 내용보장은 입법권은 물론 행정·사법권에도 적용되며, 소위 특별권력관계(특수지위관계)에도 적용된다. 다만 제19조 제2항은 헌법개정권력에는 적용되지 않고, 헌법개정권력은 독일헌법 제79조 제3항의 헌법개정의 한계에

148) Pieroth/Schlink, Grundrechte, Rn.294.

149) Dreier, GG, Bd.I, Vorb., Rn.149.

150) BVerfGE 16, 194(201ff.).

151) BVerfGE 45, 187(245ff.).

152) Dreier, GG, Bd.I, Art. 19 II, Rn.7.

153) 평등권이 다른 기본권과 함께 논의될 때에는 본질적 내용을 언급하기 어렵지만, 평등권만 문제될 때에는 본질적 내용을 언급할 수 있다. Dreier, GG, Bd.I, Art. 19 II, Rn.9.

만 제한을 받는다.[154] 기본권의 본질적 내용과 관련해서는 두 가지 문제가 있다. 첫째 "기본권의 본질적 내용"이 객관적 헌법규범인가 아니면 기본권주체의 주관적 권리인가? 둘째 본질적 내용은 불가침의 본질영역을 의미하는가 아니면 비례원칙에 따른 구체적인 보장기능을 의미하는가?

a. 주관적 권리까지 포함?

본질적 내용보장은 객관적 규범으로서 기본권조항을 보호한다는 데 대체로 의견이 일치한다. 즉 입법자가 기본권이 갖는 사회적 의미와 자유권적 내용을 완전히 파기하거나 무력화시키는 것을 부인한다. 본질적 내용보장의 제도적(institutionelle) 기능은 자유민주적 법질서를 구조적으로 보장하는 것이다, 문제는 기본권의 본질적 내용보장에 개별적인 기본권주체들의 주관적인 법적지위까지 포함되는가 하는 점이다. 제도적 기본권론자인 헤벌레(P. Häberle)처럼[155] 부정하는 견해도 있지만 다수견해는 이를 인정한다.[156] 원래 기본권의 주된 기능과 의미는 개인의 주관적 권리를 보장하는 것에 있으므로 기본권의 주관적 권리까지 포함되는 것으로 볼 수 있다.

b. 비례원칙에 따른 상대적 보호?

기본권의 본질적 내용은 상대화될 수 없고, 형량의 대상이 될 수 없는 절대적 보호를 받는다고 보는 것이 소위 절대설(absolute Theorie)

---

154) Dreier, GG, Bd.I, Art. 19 II, Rn.10.

155) Häberle, Die Wesensgehaltgarantie des Art. 19 Abs. 2 Grundgestz, 3. Aufl., 1983, S.238.

156) Alexy, Theorie der Grundrechte, S.268; Dreier, GG, Bd.I, Art. 19 II, Rn.10; Huber, in: v.Mangoldt/Klein/Starck, GG, Bd.I, Art. 19, Rn.174; Krebs, in: v.Münch/Kunig, GG, Bd.I, Art. 19, Rn.24; Pieroth/Schlink, Grundrechte, Rn.305; Sachs, GG, Art. 19, Rn.45; Stern, Staatsrecht, Bd.III/2, S.870.

의 입장이다. 주의해야 할 것은 "어떤 경우에도"라는 문구 때문에 절대설이 옳은 것으로 보지는 않는다는 주장이다. "어떤 내용"이 어떤 경우에도 침해될 수 없는지 아직 결정되지 않았기 때문이다.[157] 한 가지 주목할 것은 절대설의 입장을 취하는 대부분의 학자들은 제19조 제2항을 객관적 규범으로 제한해서 이해한다는 것이다.[158]

연방헌법재판소도 절대설의 입장을 따른다고 알려져 있지만, 정확히 파악한다면 상대설(realtive Theorie)의 입장에서 사안을 해결하고 있다.[159] 물론 몇 몇 사건에서 국가의 기본권제한이 기본권지위의 "핵심(Stamm)"을 건드렸음을 시인한 것은 부정할 수 없다.[160] 그러나 실제에 있어서는 주로 개별적 상황을 형량이나 비례원칙논의를 통해서 해결하고 있다. 즉 절대설의 입장을 취한다면 개별사례와 관련 없이, 엄밀하게 침해될 수 없는 기본권의 본질적 내용을 설정하고, 이를 제한하는 국가의 조치를 평가해야 한다. 그러나 대부분의 사건에서 연방헌법재판소는 구체적인 사례마다, 사안과 관련된 공익과 사익의 비중을 평가하고 형량한 뒤에 본질적 내용이 침해되었는지 평가했다.[161]

c. 비례원칙, 헌법개정의 한계와 구별

그렇다면 기본권의 본질적 내용보장은 결국 비례원칙과 동일한가 하는 의문이 남는다. 협의의 비례성이 위반으로서 본질적 내용침해가 긍정된다는 점에서는 양자가 같다고 볼 수 있다. 그러나 기본권의 본질적 내용보장은 비례원칙의 요소 중에 적정성(협의의 비례성)에

---

157) Krebs, in: v.Münch/Kunig, GG, Bd.I, Art. 19, Rn.22.

158) Dreier, GG, Bd.I, Art. 19 II, Rn.15.

159) Alexy, Theorie der Grundrechte, S.270f.; Dreier, GG, Bd.I, Art. 19 II, Rn.16.

160) Huber, in: v.Mangoldt/Klein/Starck, GG, Bd.I, Art. 19, Rn.150.

161) Dreier, GG, Bd.I, Art. 19 II, Rn.16.

서 형량의 문제만 해당이 된다. 마치 기본권제한이라는 파도가 기본권의 본질적 내용이라는 해안에 이를 때까지 일정한 단계를 거쳐 보장해 주는 방파제 내지 완충지대 전체가 넓은 의미의 비례원칙(과잉금지원칙)이라고 할 수 있다.

기본권의 본질적 내용과 기본권의 인간존엄의 내용이 같은 것으로 이해될 수도 있다. 하지만 상대설의 입장에 선다면, 인간존엄은 개개의 기본권 자체가 가지고 있는 인간존엄과 관련된 핵심적 내용인 반면, 기본권의 본질적 내용은 구체적인 사안에서 다른 이익들과 형량 가운데 더 이상 제한되지 않는 영역으로 볼 수도 있다.[162] 또한 인간존엄의 보장은 모든 국가권력을 구속하지만, 본질적 내용보장은 헌법개정권력을 구속하지 못하는 측면도 있다.

(3) 평등권심사의 특수성

a. 2단계 심사

평등권위반여부에 대한 심사는 자유권의 경우와 다르다. 자유권은 구체적인 내용을 담고 있어서 기본권의 보호영역(Schutzbereich), 기본권의 제한(Eingriff), 제한의 정당성(Rechtfertigung) 순으로 심사한다면(소위 3단계 심사), 평등권은 비교집단과 관계 즉 비교집단에 비해서 불합리한 차별이 있는지 판단하는 것이므로 첫째, 차별이 있는지(Ungleichbehandlungen) 둘째, 차별은 정당화될 수 있는지(Rechtfertigung) 두 단계로만 심사한다.[163] 무엇보다 첫 번째 단계에서 잘못된 비교대상을 정하지 않도록 주의해야 하고, 차별이 서로 다른 공권력 행사주체로부터 말미암은 경우에도 적용되지 않음을 명심해야 한다. 두 번째 단계에서 차별을 정당화하는 문제는 곧 평등권심사기준의 문제다.

---

162) Huber, in: v.Mangoldt/Klein/Starck, GG, Bd.I, Art. 19, Rn.158.

163) Dreier, GG, Vorb., Rn.151.

b. 자의금지공식

연방헌법재판소가 오랫동안 평등권심사기준으로 삼았던 것은 소위 자의금지공식(Willkürverbotformel)이다. 본질적으로 같은 것을 자의적으로 다르게, 본질적으로 다른 것을 자의적으로 같게 다루어서는 안 된다. 즉 비교대상간 차별에 대해서 객관적인 근거가 있으면, 평등권이 침해되지 않는 것이다. 차별이유가 합리적이고, 사물의 본성상 야기되는 또는 그 밖에 객관적으로 분명한 근거만 갖추어지면 차별은 헌법적으로 정당화되는 것이다.[164] 이는 명백한 자의여부에 대해서만 검증하는 명백성통제(Eivdenzkontrolle)에 그친다.

c. 신공식

그러나 후에 연방헌법재판소 제1원(Erste Senat)은[165] 본질적으로 같은 것에 대해서 차별이 있다 하더라도, “양자간 차이의 종류와 정도가 차별을 정당화할 수 있다면” 평등원칙에 위반된 것은 아니라고 판단했다.[166] 따라서 차별에 따른 결과와 차별을 통해 추구하려는 목적 사이에 형량을 요구하게 된 것이다(소위 신공식: Neue Formel). 이는 입법자에 대한 엄격한 통제를 의미했으며, 그 심사형식은 이론적으로 비례원칙에 가까운 것이 되었다.[167] 즉 차별의 수단이 외적인 차별의 목적에 기여할 뿐만 아니라 내적인 정의기준에도 부합해야 하는 것이다.

---

164) BVerfGE 1, 14(52).

165) 제2원도 소위 신공식을 적용하게 되었지만 양원의 결정은 같지 않고, 제1원에 비해서 제2원은 상대적으로 자의금지심사기준을 지향하는 편이다. Herzog, in: Maunz/Dürig, GG, Art. 3 Anh(1994), Rn.6; Heun, in: Dreier, GG, Bd.I, Art. 3, Rn.21f.

166) BVerfGE 82, 126(146).

167) BVerfGE 102, 68(87).

d. 심사기준적용

연방헌법재판소가 자의금지공식과 신공식간에 심사기준 적용에 대해서 일반적인 기준을 제시한 것은 아니지만, 대체로 다음과 같이 정리할 수 있다. 국가에게 광범한 재량이 인정되는 예컨대 수익행정의 경우 또는 차별의 정도가 낮은 경우에는 자의금지원칙을 적용한다.[168] 차별의 정도가 심할 때 혹은 차별조치가 재산관계 등 (변경가능한) 물적 요소를 기준으로 했을 때보다, 나이 등 (변경이 어려운) 인적 요소를 기준으로 했을 때 심사기준은 더 강화된다. 다른 한편 독일헌법 제3조 제3항에 열거된, 변경할 수 없고 포기할 수 없는 性, 인종, 언어, 출신, 사상, 장애 등 인성과 관련된 기준을 차별근거로 삼거나, 사람이나 사안에 대한 차별이 기본권행사에 불리하게 영향을 미칠 때 심사기준은 강화된다.[169]

e. 잠정적 평가

평등권 문제에 있어서도 자유권처럼 비례원칙으로 심사하려는 경향에[170] 대해서는 두 가지 문제가 있다. 먼저 평등심사에서 비례원칙은 자유권에서 비례원칙과 동일한 것은 아니다. 자유권에서는 (공익이나 충돌하는 기본권으로 인한) 제한의 목적과 (공익실현을 위한) 제한의 수단을 가지고 평가하게 되지만, 평등권에 있어서는 차별의 목적은 보통 정의(Gerechtigkeit)를 지향하고, 비교대상간 차이 자체가 차별의 수단을 정당화 한다.[171] 다른 한편 이러한 비례원칙의 적용은 자칫하면 평등권심사를 빌미로 실제로는 자유권의 침해여부를 심사하게 될 수 있다.[172] 차별의 정도에 따라서 심사기준을 강화하는

---

168) BVerfGE 78, 104(121); 107, 27(46).

169) BVerfGE 88, 87(96).

170) 대표적으로 Kloepfer, Gleichheit als Verfassungfrage, 1980, S.54ff.

171) Heun, in: Dreier, GG, Bd.I, Art. 3, Rn.27.

172) Dreier, GG, Vorb., Rn.152.

것 자체는 기본권의 실질적 보호라는 측면에선 큰 문제가 없으나, 이를 비례원칙과 동일시하는 것에 대해선 신중한 접근이 필요하다.

3. 기본권제한에 대한 위헌심사의 목차구성

이상에서 논의한 것을 바탕으로 공권력행사의 기본권제한에 대한 위헌여부 심사는 보통 다음과 같은 순서를 따라 전개된다.173)

A. 청구의 적법성(Zulässigkeit)
Ⅰ. 연방헌법재판소의 관할권(Zuständigkeit)
Ⅱ. 청구인능력(Beschwerdefähigkeit/Prozeßfähigkeit)
Ⅲ. 청구대상(Beschwerdegegenstand)
Ⅳ. 청구적격(Beschwerdebefugnis)
  1. 기본권침해의 가능성
  2. 자기관련성(eigene Betroffenheit)
  3. 현재성(gegenwärtige Betroffenheit)
  4. 직접성(unmittelbare Betroffenheit)
Ⅴ. 보충성원칙(Subsidiarität/Rechtswegerschöpfung)
Ⅵ. 형식(Form)과 기간(Frist)

B. 청구이유(Begründetheit)
  Ⅰ. 기본권의 보호영역(Schutzbereich)
  Ⅱ. 기본권의 제한(Eingriff)
  Ⅲ. 기본권제한의 헌법적 정당화(verfassungsrechtliche Rechtfertigung)
    1. 수권근거(Ermächtigungsgrundlage)
      (1) 형식적 합헌성
        a. 입법권한(Gesetzgebungskompetenz)
        b. 입법절차(Gesetzgebungsverfahren)

173) 이는 독일 전체적으로 표준화된 것이라고 볼 수 없고, 개인적인 경험을 바탕으로 다른 참고자료를 반영하여 작성한 것이다. 특히 헌법소원심판에 있어서 일반적인 심사순서로서, 청구의 적법성(Zulässigkeit)은 논의되지 않았지만 참고로 삽입하였다. 그 밖에 기본권제한에 대한 위헌심사 목차구성에 대해서는 Pieroth/Schlink, Grundrechte, Rn.346f. 참조.

(2) 실질적 합헌성
a. 법률유보
b. 일반적 법률요건(법률의 일반성, 명확성, 의회유보)
c. 비례원칙
a) 입법목적의 정당성
b) 수단의 적합성
c) 수단의 필요성
d) 협의의 비례성/적정성/적절성/수인가능성
d. 기본권의 본질적 내용보장
2. 구체적 조치(konkrete Maßnahme)
(1) 비례원칙
(2) 본질적 내용보장

Ⅳ. 우리나라에서 의미와 실제

1. 기본권의 보호영역

기본권 개념의 세심한 획정은 기본권제한과 제한의 정당성에 있어서 상당히 큰 영향을 미친다. 그런 점에서 헌법재판소의 판례 중에 몇 가지를 살펴 본다.

(1) 기본권 보호영역의 박탈?

입법자들의 법률제정을 통해 기본권보호영역을 축소시킨 대표적인 판례가 공무원의 노동기본권의 범위획정을 입법자의 권한에 위임한 것이다.[174] 헌재는 우리 헌법(제33조 제2항)이 입법자에게 근로3권

174) "우리 헌법은 제33조 제1항에서 "근로자는 근로조건의 향상을 위하여 자주적인 단결권·단체교섭권 및 단체행동권을 가진다."라고 규정하여 근로자의 자주적인 노동3권을 보장하고 있으면서도, 같은 조 제2항에서는 "공무원인 근로자는 법률이 정하는 자에 한하여 단결권·단체교섭권 및

의 주체가 될 수 있는 공무원의 범위를 마음대로(?!) 획정할 수 있는 권한을 주었다고 본다. 그래서 공무원들에 대한 노동3권 제한에 대하여 비례원칙을 처음부터 배제했다. 그러나 과연 헌법제정자가 입법자에게 노동기본권의 주체가 될 수 있는 공무원의 범위를 마음대로 결정하도록 권한을 준 것인지에 대해서는 의문이다. 헌법이 공무원에 대해서 처음부터 근로3권을 인정하지 않음을 전제로 하는데, 고전적인 특별권력관계론으로 회귀한 것이 아니라면 지지하기 어렵다. 헌법자체가 입법자에게 기본권이 될 수 있는 자격을 획정할 수 있는 권한을 부여했다고 보는 것은 기본권의 의미나 전체적인 헌법의 이념에 부합하지 않는다.

헌법조문 자체로부터 그러한 해석을 쉽게 도출해내는 것도 문제다. "법률이 정하는 자에 한하여" 근로3권을 "가진다"는 것은, 일반적으로 공무원은 기본권의 제한이 다른 근로자의 경우보다 강하게 제한될 수 있는데, 입법자가 법률로 정한 공무원들에게는 제1항에서 인정한 다른 근로자와 같은 정도의 근로3권을 보장한다는 것이다.

단체행동권을 가진다."고 규정하여 공무원인 근로자에 대하여는 일정한 범위의 공무원에 한하여서만 노동3권을 향유할 수 있도록 함으로써 기본권의 주체에 관한 제한을 두고 있다. 공무원인 근로자 중 법률이 정하는 자 이외의 공무원에게는 그 권리행사의 제한뿐만 아니라 금지까지도 할 수 있는 법률제정의 가능성을 헌법에서 직접 규정하고 있다는 점에서 헌법 제33조 제2항은 특별한 의미가 있다. 따라서 헌법 제33조 제2항이 규정되지 아니하였다면 공무원인 근로자도 헌법 제33조 제1항에 따라 노동3권을 가진다 할 것이고, 이 경우에 공무원인 근로자의 단결권 · 단체교섭권 · 단체행동권을 제한하는 법률에 대해서는 헌법 제37조 제2항에 따른 기본권제한의 한계를 준수하였는가 하는 점에 대한 심사를 하는 것이 헌법원리로서 상당할 것이나, 헌법 제33조 제2항이 직접 '법률이 정하는 자'만이 노동3권을 향유할 수 있다고 규정하고 있어서 '법률이 정하는 자' 이외의 공무원은 노동3권의 주체가 되지 못하므로, 노동3권이 인정됨을 전제로 하는 헌법 제37조 제2항의 과잉금지원칙은 적용이 없는 것으로 보아야 할 것이다." 헌재 2007.8.30, 2003헌바51, 19-2, 213(225).

이런 적극적 해석이 기본권의 체계적 · 목적론적 해석상 타당할 뿐만 아니라, 문리적 해석에 있어서도 전혀 문제가 없다. 따라서 법률이 정한 공무원의 경우에는 일반 근로자와 똑같이 근로3권에 대한 기본권제한심사를 하면 되는 것이고, 법률이 정하지 않은 공무원에 대해서는 먼저 그들에게 일반 근로자와 같은 정도의 기본권을 보장하지 못하는 정당한 이유가 있는지 판단하고, 공무원들의 근로3권을 제한하는 구체적인 조치에 대해서는 제37조 제2항을 적용하여 비례원칙에 따라 심사해야 한다.

(2) 구체적인 보호목적에 따른 기본권 경합의 해결?

기본권의 경합에 있어서도 고려해 볼 사례가 있다. 예컨대 영화나 비디오물의 판매는 표현의 자유(제21조 제2항)로 보호할 것인지, 예술의 자유(제22조 제1항)로 보호할 것인지 하는 문제다.[175] 헌법재판소가 영화나 심지어 비디오물에 대해서는 표현의 자유를 통해 기본권심사를 하는 것은, 영상물심의제도를 사전검열여부로 판단하여 기본

---

175) "헌법 제21조 제1항은 모든 국민은 언론 · 출판의 자유를 가진다고 규정하여 언론 · 출판의 자유를 보장하고 있는바, 의사표현의 자유는 바로 언론 · 출판의 자유에 속한다. 따라서 의사표현의 매개체를 의사표현을 위한 수단이라고 전제할 때, 이러한 의사표현의 매개체는 헌법 제21조 제1항이 보장하고 있는 언론 · 출판의 자유의 보호대상이 된다고 할 것이다. 그리고 의사표현 · 전파의 자유에 있어서 의사표현 또는 전파의 매개체는 어떠한 형태이건 가능하며 그 제한이 없다고 하는 것이 우리 재판소의 확립된 견해이다. 즉, 담화, 연설, 토론, 연극, 방송, 음악, 영화, 가요 등과 문서, 소설, 시가, 도화, 사진, 조각, 서화 등 모든 형상의 의사표현 또는 의사전파의 매개체를 포함한다고 할 것이다(헌재 1993. 5. 13. 91헌바17, 판례집 5-1, 275, 284). 그러므로 이 사건에서 문제가 되고 있는 비디오물도 의사형성적 작용을 하는 한 의사의 표현 · 전파의 형식의 하나로 인정되며, 결국 언론, 출판의 자유에 의해서 보호되는 의사표현의 매개체라는 점은 의문의 여지가 없다." 헌재 2008.10.30, 2004헌가18, 공145, 1370(1375-1376).

권을 보호하기 위한 것으로 보인다. 그러나 반대견해처럼176) 영화나 비디오는 전달매체보다 먼저 그 내용을 가지고 여론의 형성을 위한 표현인지 예술인지 구분해야 한다. 표현의 자유와 예술의 자유가 경합한다면 당연히 그 전달내용을 가지고 판단할 문제다.

문제가 된 등급분류제도는 사전심사에 해당하고, 예술의 자유는 헌법 조문상 사전검열금지로 보호되지 않지만, 영화 등 영상물은 그 파급효과가 크고, 한 번 발생한 효과는 교정하기 어렵기 때문에 사전심사가 전혀 불가능한 것이 아니다. 여론형성에 관련된 내용이 아니라면 영화나 비디오의 유통은 예술의 자유에 해당되는 것으로 보고, 헌법 제37조 제2항에 따른 과잉금지원칙으로 심사해도 충분히 보호될 수 있다. 사전제한 문제에 해당하고, 검열금지를 통해 기본권을 보호하고 해결하려는 목적 때문에 표현의 자유와 예술의 자유

---

176) "비디오물은 연속적인 영상이 테이프나 디스크 등에 수록된 것으로서 컴퓨터 프로그램에 의한 것과 게임물이 아닌 것을 말한다. 비디오물은 그 내용에 따라 예술의 자유의 보호대상일 경우도 있고, 언론의 자유의 보호대상일 경우도 있다(헌재 2008.6.26. 2005헌마506 결정 중 재판관 조대현의 반대의견 참조). 비디오물에 수록된 영상의 내용이 민주사회의 다양한 의사를 말이나 글로 표현하여 토론 및 여론 형성에 기여하기 위하여 불특정 또는 다수인에게 공표하거나 전파하는 것이어서 헌법 제21조 제2항의 언론에 해당하는 경우에는 그 비디오물의 등급을 전체 관람가, 12세 이상 관람가, 15세 이상 관람가, 18세 이상 관람가 등 4개 등급으로 분류하기 위하여 내용을 심사하는 것은 헌법 제21조 제2항에 의하여 절대적으로 금지되므로, 비디오물의 내용심사 및 등급분류를 목적으로 하는 이 사건 법률조항도 적용할 수 없다. 이 사건 법률조항을 언론에 해당하는 비디오물에도 적용하는 것은 헌법 제21조 제2항에 위반된다.나. 비디오물의 내용이 언론에 해당되지 않는 경우 비디오물의 내용이 헌법 제21조 제2항의 언론에 해당되지 않는 경우에는, 헌법 제21조 제2항이 적용되지 아니하므로, 헌법 제37조 제2항의 요건을 갖추는 한도에서, 내용심사 및 등급분류가 허용될 수 있고, 내용심사를 위하여 필요한 기간 동안 등급분류를 보류하는 것도 허용될 수 있을 것이다." 헌재 2008.10.30, 2004헌가18, 공145, 1370(1377-1378).

를 구분하고 있는 우리 헌법상 체계를 유리하게 이용하는 것은 지양해야 한다.

(3) 일반적 기본권과 구체적·특별한 기본권의 구분

헌법재판소는 행복추구권에서 헌법에 명시적으로 열거되지 않은 기본권으로서 인격권, 자기결정권, 일반적 행동의 자유권, 알권리, 계약의 자유 등을 도출해 내고 있다. 그러나 이 중에 상당부분은 헌법에 명시적으로 열거된 구체적이고 특별한 기본권에 해당할 수도 있다. 예컨대 성적자기결정권은 사생활의 자유에서, 알권리는 표현의 자유에서, 계약의 자유는 재산권이나 직업의 자유 등에서 도출해 낼 수도 있다.[177] 일반적인 기본권에 근거를 두는 것보다, 가능하면 명시적으로 규정된 구체적이고 특별한 기본권에서 근거를 찾는 것이 개별 기본권의 의미를 강화시키는 것이다.

(4) 자유권과 평등권의 관계

자유권과 평등권이 경합한다면, 비교집단과의 차별을 통해 위헌여부를 판단하는 평등권에 비해, 구체적인 내용을 갖는 자유권이 특별한 기본권으로서 해결되는 것이 타당하다. 이 점에서 헌법재판소의 몇 몇 판례는 재고해야 한다.

첫째 재외국민의 주민투표권문제를 평등권 위반으로 인정하여 헌법소원심판을 인정한 것이다.[178] 이런 논리라면 모든 법률상의 권리

---

177) 양건, 헌법강의 I, 2007, 279면 참조.

178) "주민투표권은 헌법상의 열거되지 아니한 권리 등 그 명칭의 여하를 불문하고 헌법상의 기본권성이 부정된다는 것이 우리 재판소의 일관된 입장이라 할 것인데, 이 사건에서 그와 달리 보아야 할 아무런 근거를 발견할 수 없다. 그렇다면 이 사건 심판청구는 헌법재판소법 제68조 제1항의 헌법소원을 통해 그 침해 여부를 다툴 수 있는 기본권을 대상으로 하고 있는 것이 아니므로 그러한 한에서 이유 없다. 하지만 주민투표권이 헌법상 기본권이 아닌 법률상의 권리에 해당한다 하더라도 비교집단

가 평등권을 빌미로 헌법소원심판을 받을 수 있다. 국가가 일단 특정의 조치를 취하면 그것은 어떤 내용을 가지든, 평등원칙에 있어서 심사대상이 될 수 있기 때문이다. 자유권이 아니라 법률상 권리임에도 불구하고 평등권으로 모든 권리를 다루려는 것은 헌법재판소의 부담만 증가시킨다. 재외국민의 보호라는 헌법상 목적을 이해못할 바는 아니지만, 그럼에도 주민투표권은 헌법상 기본권으로 볼 수 없으며 이를 평등권을 통해 보호한다는 것도 문제다. 입법정책에 따라 국회에 위임하는 것이 타당했던 것으로 보인다.

소위 제대군인가산점제도판결도 심사방법을 재검토해야 한다.[179] 이 판례에선 가산점제도로 인한 공무담임권 내지 직업선택의 자유를 먼저 심사해야 했다. 그런데 구체적인 자유권 문제는 뒤로 미룬채 평등권부터 적용했고, 그 논리도 제대군인에는 남자가 많고, 비제대군인에는 여자가 많으니 남녀차별이라는 식의, 실질적 내용심사를 빌미로 자의적 비교집단의 설정이 문제다. 앞으로 남녀비율이 조금

상호간에 차별이 존재할 경우에 헌법상의 평등권 심사까지 배제되는 것은 아니다." 헌재 2007.6.28, 2004헌마643, 19-1, 843(850-851).

179) "가산점제도는 제대군인과 제대군인이 아닌 사람을 차별하는 형식을 취하고 있다. 그러나 제대군인, 비(非)제대군인이라는 형식적 개념만으로는 가산점제도의 실체를 분명히 파악할 수 없다. 현행 법체계상 제대군인과 비제대군인에 어떤 인적 집단이 포함되는지 구체적으로 살펴보아야만 한다. 위에서 본 바와 같이 제대군인에는 ① 현역복무를 마치고 전역(퇴역·면역 포함)한 남자 ② 상근예비역 소집복무를 마치고 소집해제된 남자 ③ 지원에 의한 현역복무를 마치고 퇴역한 여자, 이 세 집단이 포함되고, 비제대군인에는 ① 군복무를 지원하지 아니한 절대다수의 여자 ② 징병검사 결과 질병 또는 심신장애로 병역을 감당할 수 없다는 판정을 받아 병역면제처분을 받은 남자(병역법 제12조 제1항 제3호, 제14조 제1항 제3호) ③ 보충역으로 군복무를 마쳤거나 제2국민역에 편입된 남자, 이 세 집단이 포함된다. 그러므로 먼저 무엇보다도 가산점제도는 실질적으로 남성에 비하여 여성을 차별하는 제도이다." 헌재 1999.12.23, 98헌마363, 11-2, 770(785).

이라도 문제되면 모두 평등문제부터 심사하고, 남녀비율이 조금이라도 차이가 나면 형식적 기준은 무시하고 실질적 기준인 남녀차별로 엄격한 심사를 할 것인지 의문이다. 가산점제도는 남자이든 여자이든 비제대군인자들에 대한 공무담임권에 관한 비례원칙위반으로도 충분히 위헌결정을 할 수 있었던 것으로 보인다.

2. 우리 헌법상 기본권 제한의 근거

(1) 제37조 제1항: 기본권제한의 대전제로서 열거되지 않은 기본권의 소극적 보장

헌법 제37조 제1항은 "국민의 자유와 권리는 헌법에 열거되지 아니한 이유로 경시되지 아니한다"고 선언하여, 비록 헌법이 명시적으로 규정하지 않은 개인의 기본권이라도, 국가권력이 아무런 장애 없이 침해할 수 없도록 제한하고 있다. 이는 헌법 제40조 내지 127조에 규정된 국가권력의 행사를 통해 제한받을 수 있는 모든 기본권 보장을 위한 "대전제"가 된다. 헌법 제12조 내지 제36조에서 열거하고 있는 기본권의 종류와 내용은 예시적인 것이다. 그 밖에 구체적인 새로운 기본권은 제10조에서, 즉 열거되지 않은 소극적 기본권은 인간존엄의 내용에서, 열거되지 않은 적극적 기본권은 행복추구권에서 도출해 낼 수 있다. 그 밖에 기본권이라도 법률에 의하지 않고 행정기관의 명령으로서 임의로 제한할 수 있는 것이 아니다. 기본권은 예외 없이 헌법 또는 법률에 의거하여 제한할 수 있을 뿐이다.[180] 이것이 헌법 제37조가 가지는 소극적인 기본권 보장의 의미다.

(2) 제37조 제2항: 모든 기본권 제한의 형식적 · 실질적 요건

일단 헌법 제37조 제1항의 기본권 제한에 관한 대전제를 통과하

180) 유진오, 신고 헌법해의, 1953, 100면.

면, 기본권 제한에 관한 형식적 요건을 갖추어야 한다. 즉 기본권제한의 목적은 "국가안전보장 · 질서유지 또는 공공복리"를 위한 것이어야 한다. 기본권제한은 "법률로써" 또는 법률에 근거해야 한다(법률유보). 법률은 그 자체로서 명확한 내용을 담고 있으며, 구체적인 조치의 기본권제한이 문제될 때에는 그에 대한 위임원칙(포괄위임금지와 의회유보)을 지켰는지 심사한다. 그리고 다른 법규범 내용과 체계적 정당성도 갖춘 법률이어야 한다. 기본권을 제한하는 정도도 "필요한 경우에 한하여"야 하며(과잉금지원칙), 기본권을 제한하는 경우에도 기본권의 "본질적 내용을 침해할 수 없다."(본질적 내용침해금지)

3. 기본권 제한의 정당성

(1) 법률유보

기본권제한은 직접 법률로써 하거나 구체적인 집행행위가 법률에 근거해야 한다. 원칙적으로 법률은 국회의 의결을 거친 형식적 의미의 법률이며, 예외적으로 법률의 효력을 갖는 조약이나 긴급재정경제명령으로도 가능하다.

기본권을 제한하는 법률의 입법목적은 "국가안전보장 · 질서유지 또는 공공복리"이다. 국가안전보장은 유신헌법 이후에 삽입된 것으로서 질서유지에 포함된다. 질서유지가 공동체발전에 소극적인 개념이라면, 공공복리는 공동체 발전에 적극적인 개념이다.[181]

헌법재판소는 법률의 일반성을 강하게 요구하지 않는다.[182]

181) 양건, 헌법강의 I, 2007, 230면.

182) "헌법은 처분적 법률로서 개인대상법률 또는 개별사건법률의 정의를 따로 두고 있지 않음은 물론, 이러한 처분적 법률의 제정을 금하는 명문의 규정도 두고 있지 않은바, 특정규범이 개인대상 또는 개별사건법률에 해당한다고 하여 그것만으로 바로 헌법에 위반되는 것은 아니라고 할

(2) 명확성원칙

기본권제한 법률은 수범자에게 예측가능성을 주기 위하여 그 내용이 명확하게 규정될 필요가 있다. 헌법재판소에 따르면 첫째, 수범자로서 준법정신을 가진 사회적 평균인에게 공정한 경고로서 법내용을 알 수 있을 정도이어야 한다.[183] 둘째 대상조항 뿐만 아니라 입법목적, 입법취지, 입법연혁, 법규범의 체계적 구조 등을 종합적으

것이다(헌재 1996.2.16. 96헌가2등, 판례집 8-1, 51, 69 ; 2001.2.22. 99헌마613, 판례집 13-1, 367, 375 각 참조)." 헌재 2005.6.30, 2003헌마41, 17-1, 996(1008).

183) "어떠한 법규범이 명확한지 여부를 판단하는 기준은 명확성원칙의 근거와 관련하여 찾을 수 있다. 명확성원칙은 법규범의 의미내용이 불확실하면 법적 안정성과 예측가능성을 확보할 수 없고 법집행 당국의 자의적인 법해석과 집행을 가능하게 한다는 것을 그 근거로 하므로(헌재 2002.7.18. 2000헌바57, 판례집 14-2, 1, 16 참조), 당해 법규범이 수범자에게 법규의 의미내용을 알 수 있도록 공정한 고지를 하여 예측가능성을 주고 있는지 여부 및 당해 법규범이 법을 해석·집행하는 기관에게 충분한 의미내용을 규율하여 자의적인 법해석이나 법집행이 배제되는지 여부, 다시 말하면 예측가능성 및 자의적 법집행 배제가 확보되는지 여부에 따라 명확성원칙에 위반되는지 여부를 판단할 수 있다. 법규범이 불확정개념을 사용하는 경우라도 법률해석을 통하여 행정청과 법원의 자의적인 적용을 배제하는 합리적이고 객관적인 기준을 얻는 것이 가능한 경우(헌재 2004.7.15. 2003헌바35등, 판례집 16-2상, 77, 88 참조), 즉 자의를 허용하지 않는 통상의 합리적 해석방법에 의하더라도 그 의미내용을 알 수 있는 경우(헌재 2002.4.25. 2001헌바26, 판례집 14-1, 301, 322 ; 2004.6.24. 2004헌바16, 판례집 16-1, 759, 766 참조)는 명확성원칙에 반하지 아니한다. 법규범의 의미내용은 법규범의 문언뿐만 아니라 입법목적이나 입법취지, 입법연혁, 그리고 법규범의 체계적 구조 등을 종합적으로 고려하는 해석방법에 의하여 구체화하게 된다. 그러므로 이 사건 법률조항들이 명확성원칙에 위반되는지 여부는 위와 같은 해석방법에 의하여 이 사건 법률조항들의 의미내용을 합리적으로 파악할 수 있는 해석기준(이하 이를 '합리적 해석기준'이라고 한다)을 얻을 수 있는지 여부에 달려 있다." 헌재 2005.6.30, 2002헌바83, 17-1, 812(821-822).

로 고려하여 내용을 객관적으로 구체화시킬 수 있으면 명확성의 원칙에 위반되지 않는다. 셋째, 법규범의 문언은 어느 정도 일반적·규범적 개념을 사용하지 않을 수 없기 때문에 기본적으로 최대한이 아닌 최소한의 명확성을 요구하는 것으로서, 법문언이 법관의 보충적인 가치판단을 통해서 그 의미내용을 확인할 수 있고, 그러한 보충적 해석이 해석자의 개인적인 취향에 따라 좌우될 가능성이 없다면 명확성의 원칙에 반한다고 할 수 없다.[184] 넷째, 법관의 보충적 해석을 통해서도 부족하고, 결국 법관의 자의적 판단에 이르거나 재판을 받아야 알 수 있을 정도라면 명확성원칙에 위반된다.[185]

명확성의 심사정도는 급부적 성격의 법률보다 기본권을 제한하는 법률에서 높으며, 경제적 자유를 제한하는 법률보다 정신적 자유를 제한하는 법률에서, 특히 형벌수단을 통해 제한하는 경우에 명확성의 정도를 강하게 요구한다. 수범자가 전문지식을 가진 경우에는 명확성의 요구정도가 완화된다.[186]

---

184) 헌재 2008.1.17, 2007헌마700, 20-1상, 139(164).

185) "처벌법규의 구성요건이 다소 광범위하여 어떤 범위에서는 법관의 보충적인 해석을 필요로 하는 개념을 사용하였다고 하더라도 그 점만으로 헌법이 요구하는 처벌법규의 명확성원칙에 반드시 배치되는 것이라고는 볼 수 없지만, 그 내용이 모호하거나 추상적이어서 불명확하면 무엇이 금지된 행위인지를 국민이 알 수 없고 범죄의 성립여부가 법관의 자의적인 해석에 맡겨져 죄형법정주의에 의하여 국민의 자유와 권리를 보장하려는 법치주의의 이념은 실현될 수 없게 된다(헌재 1994.7.29, 93헌가4등, 판례집 6-2, 15, 32 ; 1998.5.28, 97헌바68, 판례집 10-1, 640, 655)." 헌재 2002.2.28, 99헌가8, 14-1, 87(93).

186) "이 사건 법률조항의 수범자는 법을 숙지하고 집행하여야 하는 공무원 등으로 한정되어 있고, 특히 대통령의 경우에는 행정부의 수반으로서 그리고 산하 공무원조직의 도움과 자문을 통해 이러한 내용의 파악이나 예측에 더욱 유리한 지위에 있으므로 일반 국민이 수범자인 경우와는 달리 그 명확성의 요구가 완화될 수 있다(헌재 2007.7.26, 2006헌가9, 공보 130, 819, 822 참조).결국 이 사건 법률조항은 앞에서 본 바와 같

(3) 의회유보

헌법재판소는 의회유보원칙은 인정하고 있지만,[187] 그 구체적인 심사기준의 적용에 있어서는 법률유보원칙과 명확히 구별하지 않는 것으로 보인다.[188] 법률유보원칙은 기본권의 "제한 근거"가 법률에 있는가 하는 문제이고, 의회유보원칙(본질성이론)은 "기본권제한에 관한 본질적인 사항이나 내용"은 의회가 스스로 결정해야 한다는 것이다. 이는 행정작용에 의해 근본적인 의회의 권한이 박탈되는 것을 방지하기 위한 것이다.

(4) 포괄위임금지

포괄위임금지원칙은 법률에서 하위법령에 규율내용을 위임하더라도 "법률에서 구체적으로 범위를 정하여" 위임하라는 것이다.[189] 그

이 주체나 행위에 대한 제한적인 해석이 가능하여 그 범위를 한정할 수 있고, 나아가 위 법률조항의 입법목적과 입법경위, 수범자의 범위 및 선거과정의 특징 등을 고려할 때, 그 수범자가 통상의 법감정과 합리적 상식에 기하여 그 구체적 의미를 충분히 예측하고 해석할 수 있으므로 이 사건 법률조항은 명확성의 원칙에 반하지 않는다." 헌재 2008.1.17, 2007헌마700, 20-1상, 139(165)

187) "오늘날 법률유보원칙은 단순히 행정작용이 법률에 근거를 두기만 하면 충분한 것이 아니라, 국가공동체와 그 구성원에게 기본적이고도 중요한 의미를 갖는 영역, 특히 국민의 기본권실현에 관련된 영역에 있어서는 행정에 맡길 것이 아니라 국민의 대표자인 입법자 스스로 그 본질적 사항에 대하여 결정하여야 한다는 요구까지 내포하는 것으로 이해하여야 한다(이른바 의회유보원칙)." 헌재 1999.5.27, 98헌바70, 11-1, 633(643).

188) 예컨대 헌재 2005.6.30, 2005헌가1, 17-1, 796(809) 참조.

189) "헌법은 제75조에서 "대통령은 법률에서 구체적으로 범위를 정하여 위임받은 사항과 법률을 집행하기 위하여 필요한 사항에 관하여 대통령령을 발할 수 있다."고 규정하여 위임입법의 근거를 마련하는 한편 대통령령으로 입법할 수 있는 사항을 법률에서 구체적으로 범위를 정하여 위임받은 사항으로 한정함으로써 위임입법의 범위와 한계를 제시하고 있다." 헌재 2005.6.30, 2005헌가1, 17-1, 796(808).

런데 헌법재판소는 포괄위임금지원칙과 명확성의 원칙을 함께 적용하는 경우가 있다.[190)]

다만 "법령이 전문적 · 기술적 사항이나 경미한 사항으로서 업무의 성질상 위임이 불가피한 사항"일 경우 위임의 형식은, 헌법 제75조와 제95조를 예시규정으로 해석하여, 반드시 법규명령이 아닌 행정규칙에 직접 위임할 수도 있다.[191)]

---

190) ""법률에서 구체적으로 범위를 정하여 위임받은 사항"이라 함은 법률에 이미 대통령령으로 규정될 내용 및 범위의 기본사항이 구체적으로 규정되어 있어서 누구라도 당해 법률로부터 대통령령에 규정될 내용의 대강을 예측할 수 있어야 한다는 것을 의미한다. 위임입법의 위와 같은 구체성 내지 예측가능성의 요구정도는 규제대상의 종류와 성질에 따라 달라질 것인데 특히 국민의 기본권을 직접적으로 제한하거나 침해할 소지가 있는 처벌법규 등에서는 그 위임의 요건과 범위가 보다 엄격하게 제한적으로 규정되어야 할 것이나 그 예측가능성의 유무를 판단함에 있어서는 당해 특정조항 하나만을 가지고 판단할 것이 아니고 관련 법조항 전체를 유기적 · 체계적으로 종합판단하여야 하며, 각 대상법률의 성질에 따라 구체적 · 개별적으로 검토하여야 한다(헌재 1998.2.27. 97헌마64, 판례집 10-1, 187, 194-195 참조)." 헌재 2008.11.27, 2005헌마161, 공146, 1758(1765).

191) "의회의 입법독점주의에서 입법중심주의로 전환하여 일정한 범위 내에서 행정입법을 허용하게 된 동기가 사회적 변화에 대응한 입법수요의 급증과 종래의 형식적 권력분립주의로는 현대사회에 대응할 수 없다는 기능적 권력분립론에 있다는 점 등을 감안하여 헌법 제40조와 헌법 제75조, 제95조의 의미를 살펴보면, 헌법이 인정하고 있는 위임입법의 형식은 예시적인 것으로 보아야 할 것이고, 그것은 법률이 행정규칙에 위임하더라도 그 행정규칙은 위임된 사항만을 규율할 수 있으므로, 국회입법의 원칙과 상치되지도 않는다. 다만, 형식의 선택에 있어서 규율의 밀도와 규율 영역의 특성이 개별적으로 고찰되어야 할 것인데, 입법자에게 상세한 규율이 불가능한 것으로 보이는 영역이라면 행정부에게 필요한 보충을 할 책임이 인정되고, 극히 전문적인 식견에 좌우되는 영역에서는 행정기관에 의한 구체화의 우위가 불가피하게 있을 수 있다. 그런데 법규명령에 대해 행정절차법은 입법예고, 예고된 입법안에 대한 의견제출 기회,

(5) 체계적 정당성

체계정당성은 "동일 규범 내에서 또는 상이한 규범 간에 (수평적 관계이건 수직적 관계이건) 그 규범의 구조나 내용 또는 규범의 근거가 되는 원칙면에서 상호 배치되거나 모순되어서는 안된다는" 것이다.[192] 이는 차별을 헌법적으로 정당화하는 논리정연성 또는 시종일

공청회 개최 등의 제도를 두고 있으나, 고시나 훈령 등 행정규칙을 제정·개정·폐지함에 관하여는 아무런 규정을 두고 있지 아니하고, 법규명령은 법제처의 심사를 거치고(대통령령은 국무회의에 상정되어 심의된다) 반드시 공포하여야 효력이 발생되는데 반하여, 행정규칙은 법제처의 심사를 거칠 필요도 없고 공포 없이도 효력을 발생하게 된다는 점에서 차이가 있는바, 법률이 입법위임을 할 때에는 대통령령·총리령·부령 등 법규명령에 위임함이 바람직하고, 고시와 같은 형식으로 입법위임을 할 때에는 적어도 행정규제기본법 제4조 제2항 단서에서 정한 바와 같이 법령이 전문적·기술적 사항이나 경미한 사항으로서 업무의 성질상 위임이 불가피한 사항에 한정된다 할 것이며, 그러한 사항이라 하더라도 포괄위임금지의 원칙상 법률의 위임은 반드시 구체적·개별적으로 한정된 사항에 대하여 행하여져야 할 것이다." 헌재 2004.10.28, 99헌바91, 16-2하, 104(119); 헌재 2006.12.28, 2005헌바59, 18-2, 601(612).

192) "'체계정당성'(Systemgerechtigkeit)의 원리라는 것은 동일 규범 내에서 또는 상이한 규범 간에 (수평적 관계이건 수직적 관계이건) 그 규범의 구조나 내용 또는 규범의 근거가 되는 원칙면에서 상호 배치되거나 모순되어서는 안된다는 하나의 헌법적 요청(Verfassungspostulat)이다. 즉 이는 규범 상호간의 구조와 내용 등이 모순됨이 없이 체계와 균형을 유지하도록 입법자를 기속하는 헌법적 원리라고 볼 수 있다. 이처럼 규범 상호간의 체계정당성을 요구하는 이유는 입법자의 자의를 금지하여 규범의 명확성, 예측가능성 및 규범에 대한 신뢰와 법적 안정성을 확보하기 위한 것이고 이는 국가공권력에 대한 통제와 이를 통한 국민의 자유와 권리의 보장을 이념으로 하는 법치주의원리로부터 도출되는 것이라고 할 수 있다. 그러나 일반적으로 일정한 공권력작용이 체계정당성에 위반한다고 해서 곧 위헌이 되는 것은 아니다. 즉 체계정당성 위반(Systemwidrigkeit) 자체가 바로 위헌이 되는 것은 아니고 이는 비례의 원칙이나 평등원칙위반 내지 입법의 자의금지위반 등의 위헌성을 시사

관성(Folgerichtigkeit)의 다른 표현이다.[193] 법률조항의 상충 시에는 원칙적으로 적용우위의 문제만 발생할 뿐 위헌은 아니다.[194] 헌법재판소는 형벌체계에 있어서도 균형을 요구하지만 엄격하지는 않다. 체계정당성의 위반은 그 자체로 위헌은 아니지만, 최소한 평등권심사를 해야 할 동기를 제공한다.

(6) 비례원칙

헌법재판소는 과잉금지원칙 또는 비례원칙을 법치국가원리에서 나오는 국가권력행사의 기본원칙 내지 권력행사의 한계로 이해하고 있다.[195] 그 내용은 입법목적의 정당성, 방법의 적정성, 침해(피해)의

하는 하나의 징후일 뿐이다. 그러므로 체계정당성위반은 비례의 원칙이나 평등원칙위반 내지 입법자의 자의금지위반 등 일정한 위헌성을 시사하기는 하지만 아직 위헌은 아니고, 그것이 위헌이 되기 위해서는 결과적으로 비례의 원칙이나 평등의 원칙 등 일정한 헌법의 규정이나 원칙을 위반하여야 한다. 또한 입법의 체계정당성위반과 관련하여 그러한 위반을 허용할 공익적인 사유가 존재한다면 그 위반은 정당화될 수 있고 따라서 입법상의 자의금지원칙을 위반한 것이라고 볼 수 없다. 나아가 체계정당성의 위반을 정당화할 합리적인 사유의 존재에 대하여는 입법의 재량이 인정되어야 한다. 다양한 입법의 수단 가운데서 어느 것을 선택할 것인가 하는 것은 원래 입법의 재량에 속하기 때문이다. 그러므로 이러한 점에 관한 입법의 재량이 현저히 한계를 일탈한 것이 아닌 한 위헌의 문제는 생기지 않는다고 할 것이다." 헌재 2005.6.30, 2004헌바40, 17-1, 946(962-963).

193) Heun, in: Dreier, GG, Bd.I, Art. 3, Rn.36. 이에 관한 상세한 내용은 Sachs, GG, Art. 3, Rn.98ff. 참조.

194) 헌재 2005.10.27. 2003헌바50, 17-2, 238(252).

195) "국가작용 중 특히 입법작용에 있어서의 과잉입법금지의 원칙이라 함은 국가가 국민의 기본권을 제한하는 내용의 입법활동을 함에 있어서 준수하여야 할 기본원칙 내지 입법활동의 한계를 의미하는 것으로서, 국민의 기본권을 제한하려는 입법의 목적이 헌법 및 법률의 체제상 그 정당성이 인정되어야 하고(목적의 정당성), 그 목적의 달성을 위하여 그 방법이 효과적이고 적절하여야 하며(방법의 적정성), 입법권자가 선택한 기

최소성, 법익의 균형성 등이다.

입법목적 자체가 정당성이 없다는 이유로 예컨대 동성동본금혼규정과[196] 의사와 한의사 복수면허를 가진 자에게 하나의 의료기관만 운영하도록 제한한 의료법 규정이[197] 위헌으로 선언되었다.

본권제한의 조치가 입법목적달성을 위하여 설사 적절하다 할지라도 보다 완화된 형태나 방법을 모색함으로써 기본권의 제한은 필요한 최소한도에 그치도록 하여야 하며(피해의 최소성), 그 입법에 의하여 보호하려는 공익과 침해되는 사익을 비교형량할 때 보호되는 공익이 더 커야한다(법익의 균형성)는 법치국가의 원리에서 당연히 파생되는 헌법상의 기본원리의 하나인 비례의 원칙을 말하는 것이다." 헌재 1992.12.24, 92헌가8, 4, 853(878-879).

196) "이 사건 법률조항은 동성동본인 혈족사이의 혼인을 그 촌수의 원근에 관계없이 일률적으로 모두 금지하고 민법은 이를 위반한 혼인을 취소할 수 있도록 하였을 뿐만 아니라 아예 그 혼인신고 자체를 수리하지 못하도록 하고 있어, 동성동본인 혈족은 서로가 아무리 진지하게 사랑하고 있다고 하더라도 또 촌수를 계산할 수 없을 만큼 먼 혈족이라 하더라도 혼인을 할 수 없고 따라서 혼인에 있어 상대방을 결정할 수 있는 자유를 제한하고 있는 동시에, 그 제한의 범위를 동성동본인 혈족, 즉 남계혈족에만 한정함으로써 성별에 의한 차별을 하고 있다. 그렇다면 이 사건 법률조항은 이미 위에서 본 바와 같이 금혼규정으로서의 사회적 타당성 내지 합리성을 상실하고 있음과 아울러 "인간으로서의 존엄과 가치 및 행복추구권"을 규정한 헌법이념 및 규정과 "개인의 존엄과 양성의 평등"에 기초한 혼인과 가족생활의 성립 · 유지라는 헌법규정에 정면으로 배치된다 할 것이고, 또 그 금혼의 범위를 동성동본인 혈족, 즉 남계혈족에만 한정하여 성별에 의한 차별을 하고 있는데 이를 시인할만한 합리적인 이유를 찾아볼 수 없으므로 헌법상의 평등의 원칙에도 위반되는 것이다. 결국 이 사건 법률조항은 헌법 제10조, 제11조 제1항, 제36조 제1항에 위반될 뿐만 아니라 그 입법목적이 이제는 혼인에 관한 국민의 자유와 권리를 제한할 "사회질서"나 "공공복리"에 해당될 수 없다는 점에서 헌법 제37조 제2항에도 위반된다 할 것이다." 헌재 1997.7.16, 95헌가6, 9-2, 1(17-18).

197) "상대적으로 쌍방 의료행위에 대한 지식과 능력이 우수한 사람들에 대하여 어느 한쪽의 의료기관의 개설만을 허용하고 나머지를 금지하는 이

헌법재판소는 초기에 수단의 적정성과 피해의 최소성을 엄격히 구분하지 않고 혼용하여 사용하다가, 최근에는 어느 정도 구별이 정착되는 경향이다. 그러나 여전히 수단의 적정성을 심사할 때, 입법자가 선택한 수단과 목적 자체만 가지고 판단하지 않고, 다른 대안과 비교하여 적정성을 판단하는 경우가 있다. 또한 수단의 적정성은 인정되지 않는데, 피해의 최소성이 인정되는 경우도 있었다.

기본적으로 수단의 적정성과 피해의 최소성은 구별하는 것이 바람직하다. 또한 "적정성"이란 표현대신 "적합성"이란 표현을 사용하는 것이 타당하다. 적정성은 이미 수단에 대한 정도를 평가한다는 의미가 내포된 반면, 적합성은 수단으로서의 자격여부만을 평가하기 때문이다. 무엇보다 수단의 적정성이 인정되지 않는다면 그 다음 단계인 침해의 최소성을 판단할 필요는 없다.

한가지 부여할 것은 특별부담금에 대한 헌법적 정당성 심사(집단적 동질성, 객관적 근접성, 집단적 책임성, 집단적 효용성, 입법자의 지속적 심사)는 수단의 적합성에서 행하여진다는 점이다.[198]

헌법재판소가 침해의 최소성을 평가할 때는 단순히 다른 대안들에 대한 심사만 하는 것이 아니라, 기본권제한을 최소화하기 위한 노력, 예컨대 경과규정의 마련이라든지, 보호대책의 강구 등에도 힘을 기울였는가도 심사한다. 같은 조치라도 침해의 최소성 등이 달리 평가된 경우, 예컨대 선거사범인 여자 수용자에게 유치장에서 하의와 속옷을 무릎까지 내려서 실시한 신체검사는 위헌,[199] 마약류 사범인 구치소 수용자가 교도관 앞에서 항문검사를 받은 신체검사는 합헌으로[200] 결정된 사례도 있다.

사건 법률 조항은 그 제한의 목적과 수단이 정당하고 적절하다고 보기도 어렵다." 헌재 2007.12.27, 2004헌마1021, 19-2, 795,(807).

198) 헌재 2008.11.27, 2007헌마860, 공146, 1834(1840).

199) 헌재 2000.7.18, 2000헌마327, 14-2, 54.

200) 헌재 2006.6.29, 2004헌마826, 공117, 938.

가치판단적 성격을 갖는 법익의 균형성을 비례원칙에 있어서 가장 중요한 심사요소로 보는 견해도 있다.[201] 그러나 공익과 사익을 계량화하는 문제나, 계량화된 공익과 사익의 형량 문제, 특히 어느 경우에 공익과 사익이 균형적인 관계를 맺는지에 대해서는 객관적인 기준이 없다. 수단의 적정성과 침해의 최소성은 어느 정도 객관적인 기준을 제시하지만, 법익의 균형성은 그야말로 모든 고려할 수 있는 이익을 다 고려하여 최적의 결과를 산출해 내는 것이므로, 주관적인 가치판단에 종속되기 쉬운 평가다. 법익의 균형성에 대한 결과가 설득력을 가지려면 충분히 합리적이고 타당한 근거제시가 필수적이다. 헌법재판소는 대부분의 판례에서 법익의 균형성보다 침해의 최소성에서 더욱 치열한 논리전개를 힘쓰는 것으로 보인다.[202]

(7) 본질적 내용침해금지

기본권의 본질적 내용에 대해서 헌법재판소는 "근본요소", "핵" 등으로 동의어를 반복하여 의미를 규정하려고 애쓸 뿐, 구체적인 내용을 파악하는 이론구성은 드물다. 헌법재판소가 재산권에 있어서 처분권 자체를 불가능하게 한 것,[203] 재판청구권에 있어서 소제기 자

---

201) 대표적으로 양건, 헌법강의 I, 2007, 241면.

202) 가장 최근의 판결로서 대표적인 것은 헌재 2008.10.30, 2007헌가17등, 공145, 1384(간통죄 합헌결정)에서 합헌견해와 위헌견해 모두 여기에 해당.

203) "입법 역시 다른 기본권에 대한 제한입법과 마찬가지로, 비례의 원칙을 준수하여야 하며, 재산권의 본질적 내용인 사적 유용성(私的 有用性)과 처분권을 부인해서는 아니 된다. 따라서 입법자가 토지소유자에 대하여 재산권의 사회적 제약성으로도 정당화될 수 없는 가혹한 부담을 부과하는 경우에는, 비례의 원칙을 충족시키고 이로써 법률의 위헌성을 제거하기 위하여, 재산권의 내용과 한계를 정하는 규정에 의하여 발생하는 특별한 재산적 부담에 대하여 보상규정을 두거나 또는 보상에 갈음하거나 손실을 완화할 수 있는 제도를 보완하여야 한다." 헌재 1999.4.29, 94헌바37, 11-1, 289(331).

체가 불가능한 것[204] 등을 기본권의 본질적 내용으로 인정한 것은 있으나, 전반적으로는 상대설의 입장을 따른다. 대부분 위헌심사에서 과잉금지원칙과 관련하여 기본권의 본질적 내용 침해여부를 판단하고 있기 때문이다.

(8) 평등권심사의 기준

헌법재판소는 초기에 자의금지원칙을 심사기준으로 채택하였다가,[205] 제대군인가산점제도 결정에서 심사기준을 엄격한 심사기준과 완화된 심사기준으로 구분하였다.[206] 이에 따르면 완화된 심사란 차별에 합리적 이유가 있는지 유무를 심사하는 자의금지원칙에 따른 심사이다. 엄격한 심사란 차별목적과 수단간에 엄격한 비례관계가 성립하는지를 기준으로 하는 비례원칙에 따른 심사이다. 헌법재판소 자체의 평가에 따르면 법익의 균형성(협의의 비례성)에 대한 본격적인 심사이다.[207]

헌법재판소 판례에 따라 엄격한 심사가 적용되는 경우란, 첫째, 헌법에서 특별히 평등을 요구하고 있거나, 헌법 스스로 차별의 근거로 삼아서는 안되는 기준을 제시하거나, 차별을 특히 금지하고 있는 영역을 제시하는 경우다. 둘째, 차별로 말미암아 관련 기본권에 중대한 제한을 초래하는 경우다.[208] 그러나 기본권에 중대한 제한을

---

204) "재판이란 사실확정과 법률의 해석적용을 본질로 함에 비추어 법관에 의하여 사실적 측면과 법률적 측면의 한 차례의 심리검토의 기회는 적어도 보장되어야 할 것은 물론, 또 그와 같은 기회에 접근하기 어렵도록 제약이나 장벽을 쌓아서는 안된다 할 것인바, 만일 그러한 보장이 제대로 안되면 헌법상 재판을 받을 권리의 본질적 침해의 문제가 생길 수 있다 할 것이다." 헌재 1992.6.26, 90헌바25, 4, 343.

205) 헌재 1993.12.23, 89헌마189, 5-2, 622(640); 1997.1.16,90헌마111등, 9-1, 115.

206) 헌재 1999.12.23, 98헌마363, 11-2, 770(787-788).

207) 헌재 2001.2.22, 2000헌마25, 13-1, 386(403-404).

초래하지 않는다고 해서 엄격한 심사를 배제하는 것은 아니다.[209]

4. 기본권제한에 대한 위헌심사 목차구성

이상에서 논의한 것과 헌법재판소의 판례에서 나타나는 기준들을 바탕으로 기본권제한에 관한 헌법소원심판에 있어서 위헌심사에 대한 기준은 다음과 같이 정리해 볼 수 있다.[210]

Ⅰ. 헌법소원심판청구의 적법요건

1. 청구인능력
2. 청구대상: 공권력의 행사/불행사
3. 기본권침해의 가능성
4. 청구인 적격성
   (1) 자기관련성
   (2) 현재성
   (3) 직접성
5. 보충성의 원칙
6. 권리보호이익
7. 변호사강제주의
8. 청구기간

Ⅱ. 본안판단

1. 기본권제한수단의 형식적 요건
   (1) 법률유보원칙
   (2) 명확성의 원칙

---

208) 이에 관한 상세한 내용은 양건, 헌법강의 I, 295-299면 참조.

209) 헌재 2003.9.25. 2003헌마30, 15-2, 501(510).

210) 여기서 제시하는 것은 하나의 제안으로서 아직 우리나라에서 공식적으로 확립된 것은 아니지만, 헌법재판소의 판례들을 바탕으로 일반적으로 법률 등에 대한 위헌심사에서 나타나는 내용들을 기준으로 했음을 밝힌다.

(3) 위임입법의 원칙

a) 의회유보원칙(본질성이론)

b) 포괄위임금지원칙

c) 위임의 형식

(4) 체계적 정당성

2. 기본권제한의 실질적 내용심사

(1) 기본권의 개념(보호이익/기본권의 경합)

(2) 기본권의 제한(법적 지위의 제한인가? 사실상 불이익인가?)

(3) 제한의 정당성

a) 입법목적의 정당성

b) 제한수단의 적합성

c) 침해의 최소성

d) 법익의 균형성

(4) 기본권의 본질적 내용침해 여부

(5) 평등권 및 다른 기본권 심사

Ⅲ. 결론

CHAPTER 6

제6장 독일연방헌법상 기본권, 주헌법·유럽법상 기본권, 국제법상 기본권

세계화 내지 국제화에 따른 현대사회의 흐름 때문에 주로 국내법의 규율만을 받던 개인의 생활관계는 점차 국제법규, 독일의 경우 특히 유럽통합으로 인한 유럽법의[1] 영향을 크게 받게 되었다.[2] 여기서는 연방국가인 독일의 특성상 독일연방헌법상 기본권과 각 주헌법상 기본권의 관계(Ⅰ)를 먼저 살피고, 주권국가로서 독일의 기본권과 유럽법상 기본권(Ⅱ), 국제법상 인권(Ⅲ)과 어떤 관계성을 맺고 있는지 살펴본다.

---

1) 유럽법의 개념을 유럽내 국제조직에 관한 규범(광의의 유럽법), 유럽연합에 관한 규범(협의의 유럽법), 유럽공동체에 관한 규범(최협의의 유럽법) 등 세 가지로 구분할 때, 여기서 말하는 유럽법이란 유럽연합에 관련된 법규범을 의미한다.

2) 유럽법이 독일 헌법에 미치는 영향과 관련된 개략적인 최근 상황에 대해서는 Kloepfer, Vom Zustand der Verfassungsrechts, JZ 2003, S.481ff. 참조.

Ⅰ. 독일연방헌법상 기본권과 주헌법상 기본권

독일헌법 제142조에[3] 따르면 주 헌법상 규정들은 독일헌법 제1조부터 제18조의 기본권을 보장하는 범위내에서 효력을 갖는다. 이는 각 주의 헌법들이 독일(연방)헌법이 보장하는 기본권보호수준을 최소한 보장해야 하거나, 또는 그 이상을 보장할 수 있음을 의미한다. 연방헌법재판소는 독일헌법의 기본권조항만을 위헌심사기준으로 삼고, 주헌법재판소나 주최고법원도 주헌법의 기본권조항을 심사기준으로 삼지만, 주헌법재판소의 경우 실제로 독일연방헌법재판소의 기본권해석에 영향을 받지 않을 수 없다.

주기본권의 내용은 연방헌법상 기본권 내용보다 확장될 수 있는 여지가 있을 뿐만 아니라, 독일헌법상 기본권조항은 자유권적 기본권들을 중심으로 전통적으로 인정되었던 필수적인 조항들만 규정하기 때문에, 일반적으로 주헌법상 기본권들은 연방헌법상 기본권들보다 내용이 풍부한 편이다. 많은 주에서 연방헌법에는 규정되어 있지 않은 사회적 기본권들, 예컨대 근로의 권리(Recht auf Arbeit) 등이 규정되어 있거나, 현대적인 기본권들로서 정보보호기본권(Grundrecht auf Datenschut),[4] 환경정보접근권(Recht auf Zugang zu Informationen über die Umwelt)[5] 등을 규정한 주들도 있다.

---

3) 제142조: 제31조의 규정에도 불구하고 주헌법 규정은 본 헌법 제1조부터 제18조와 일치하여 기본권을 보장하는 한 효력을 가진다.

4) 예컨대 노르트라인베스트팔렌주헌법 제4조 제2항.

5) 예컨대 브란덴부르크주헌법 제39조 제7항 제2문, 작센주헌법 제34조, 작센안할트주헌법 제6조 제2항, 튜링엔주헌법 제33조 등.

Ⅱ. 독일헌법상 기본권과 유럽법상 기본권

1. 유럽법상 기본자유

(1) 개념

기본자유(Grundfreiheiten)란 유럽연합의 역내시장 수립에 필수적인, 회원국간 국경을 넘나드는 상품 · 사람 · 서비스 · 자본의 자유로운 이동을 보장하는 경제적 자유를 일컫는다.[6] 기본자유는 본래 공동체조약이나 연합조약에는 명시적으로 열거되지 않은 개념으로서,[7] 1980년대 유럽재판소 판례에서[8] 사용되기 시작하면서 받아들여진 것이다. 기본자유가 적용될 수 있는 전제조건으로서 가장 중요한 것은 국경을 넘나드는(grenzüberschreitend) 경제적 교류상황이다(越境性).

(2) 종류

기본자유는 보통 크게 네 가지로 구분한다. 유럽공동체조약 제23조부터 제31조 사이에서 보장하는 상품교역자유(Warenverkehrsfreiheit), 제39조부터 제48조 사이에서 보장하는 인적교류의 자유(Personenver-

---

6) 유럽법상 기본자유와 유럽인권협약 전문에서 사용되는 기본적 자유(fundamental freedoms)는 다른 개념이다. 후자는 유럽인권협약을 통해 보장되는 인권의 의미이며, 전자는 유럽연합내에서 자유로운 인적 · 물적 교류를 보장하는 경제적 자유를 의미한다. 이하에서는 특히 정문식, 유럽법상 기본자유와 기본권의 관계, 유럽헌법연구 창간호, 2007, 157면 이하 참조.

7) 2004년 체결되었다가 비준되지 못한 유럽헌법조약 제I-4조에서 명시적으로 기본자유를 근거지우고, 제II-113조에서 기본권과의 관계를 언급하고 있었으나, 2007년 새롭게 체결되고 비준을 앞두고 있는 리스본조약에서는 기존의 유럽공동체조약의 규정을 거의 그대로 옮겨 적고 새로운 언급은 하지 않고 있다.

8) EuGHE, Rs.203/80, Slg.1981, S.2595ff. Rn.8 - Casati; Rs.205/84, Slg.1986, S.3755ff. Rn.54 - Kommission/Deutschland.

kehrsfreiheit), 제49조부터 제55조 사이에서 보장하는 서비스의 자유(Dienstleistungsfreiheit), 제56조부터 제60조 사이에서 보장하는 자본 및 지불의 자유(Kapital- und Zahlungsverkehrsfreiheit) 등이다. 이 중에서 인적교류의 자유는 다시 노동자의 자유이동(Arbeitnehmerfreizügigkeit: 제39조부터 제42조)과 영업의 자유(Niederlassungsfreiheit: 제43조부터 제48조)로[9] 구분한다.

(3) 기능

유럽연합 회원국들의 국내법에 근거한 공권력 행사가 유럽연합 내에서 경제교류를 저해할 때마다, 이러한 장애물들을 제거하고 원할한 경제교류를 보장하여 유럽연합내 단일한 역내시장(Binnenmarkt)이 이루어지고 공동시장(gemeinsame Markt)으로 발전하도록 돕는 기능을 한다. 본래 기본자유는 유럽연합이 연합내 경제적 교류에 대한 각 회원국의 규제를 제거할 목적으로 각 회원국들을 주요 규율대상으로 삼았던 제도인데, 지금은 개인이 각 회원국에 대하여 주장할 수 있는 직접적 효력을 갖는 주관적 권리의 성격을 갖게 된 것으로 본다. 기본자유의 수범자도 처음에 회원국에서 유럽연합자체, 그리고 예외적인 경우에는 私人에 대해서도 직접적 효력이 인정되는 것으로 점차 확대되었다.[10]

(4) 의미의 변화: 평등권에서 자유권으로

기본자유는 직접적이건 간접적이건, 명시적이건 은폐되었건 간에 회원국이 자국(민)과 다른 회원국간에 차별적 조치를 취하지 못하도록 요구하는 유럽공동체조약 제12조에 근거한 차별금지(Diskrimini-

9) 이를 '설립의 자유'로 번역한 경우도 있고(채형복, 유럽헌법조약, 2006, 77면), 영업소를 설립하거나 개점 또는 개업할 수 있는 자유이므로 '개업의 자유'로도 번역할 수 있을 것이다.

10) 이에 대한 사례에 대해서는 정문식, 앞의 논문, 162면 참조.

erungsverbot)로서 평등권적 의미가 강하였다. 그러나 유럽재판소의 판례에 의하여 단순한 차별뿐만 아니라, 유럽연합내 경제적 자유를 제약하는 모든 제한조치에 대한 금지(Beschränkungsverbot)로서 자유권적 의미를 갖는 것으로 변하였다.[11] 따라서 회원국은 스스로 유럽연합내 경제적 교류를 제한하는 조치를 가능한 억제해야 하지만, 사인에 의한 경제적 교류의 제한에 대해서도 이를 방지할 (국가의 기본권보호의무와 비교할 수 있는) 의무를 가지므로, 기본자유는 마치 경제적 기본권과 유사한 의미를 갖게 되었다.

(5) 구체적 사례: 상품이동의 자유를 중심으로

유럽연합의 공동시장 내 상품교역의 장애를 제거하기 위하여 유럽연합은 통합된 관세연합을 이루고 있으며(유럽공동체조약 제25조 내지 제27조), 개별 회원국의 무역독점과 그에 따른 차별적 조치들을 폐지하도록 요구하고 있다(제31조). 뿐만 아니라 상품수입에 관한 수량제한조치(mengenmäβige Einfurbeschränkungen)와 그와 유사한 효과를 갖는 모든 조치(alle Maβnahmen gleicher Wirkung)도 공공질서, 공공안전, 동식물 · 사람의 생명과 건강보호, 문화적 · 역사적 · 인류학적 가치를 지닌 문화재보호 또는 상업적 재산권의 보호를 위한 경우를 제외하고는 금지한다(제28조 내지 제30조). 여기서는 상품이동의 자유와 관련된 중요한 의미를 가진 판례만 간략하게 소개한다.[12]

① 유사한 효과를 갖는 조치의 의미: 다송빌(Dassonville)

프랑스 도매상 다송빌 父子(Gustav u. Benôit Dassonville)가 스카치 위스키를 구입하여 프랑스법 규정대로 상표 등을 표시하고 벨기에로

---

11) 이에 대해서는 정문식, 앞의 논문, 160-161면 참조.

12) 이하의 내용에 대해서는 기본적으로 정문식, 유럽법상 자유로운 상품이동의 기본적 자유와 기본권 보호로 인한 제한, 중앙법학 제7집 제4호, 2005, 57-87면 참조.

수출하여 유럽공동체 상품으로서 관세를 면제받고자 신청하자, 벨기에 정부가 원산지증명표시를 하도록 규정한 벨기에 법률과 맞지 않는다고 거부하였다. 이에 유럽재판소는 회원국 정부가 발행한 원산지표시를 부착하도록 강제하는 회원국의 조치가 "공동체내 무역을 직접적 또는 간접적, 실제적 또는 잠재적으로 방해하는데 적합하다면(die geeignet ist, den innergemeinschaftlichen Handel unmittelbar oder mittelbar, tatsächlich oder potentiell zu behindern)" 그것은 수량제한조치와 동등한 효과를 갖는 것으로서 금지된다고 판단했다.[13)]

② 규제조치의 정당화 요건으로서 강제적 필요: 카시스(Casis)

독일 수입회사가 프랑스산 화주(Branntwein)인 카시스(Casis de Dijon)를 수입하려고 허가신청을 하자, 독일 정부는 32% 알코올 함유 화주만 유통되도록 규정된 독일화주법을 근거로 알코올 함유량이 15-20%밖에 안되는 카시스에 대해서는 허가하지 않았다. 이에 유럽재판소는 다른 회원국에서 적법하게 생산되어 유통되는 경우에, 이를 국내 기준을 가지고 규제하는 것도 상품의 이동자유를 제한하는 것으로 판단했다. 다만 효율적인 조세통제, 공중보건의 보호, 무역의 투명성, 소비자보호의 필요성 등 강제적 필요(zwingende Erfordernisse) 때문에 규정한 국내규정으로 인한 장애는 감수해야 하는 것으로 보았다.[14)]

이러한 강제적 필요에 따른 규제는 사회가 발전함에 따라 나타날 수 있는 여러 가지 예상치 못한 국내상황들을 고려한 것으로서, 판례를 통해 환경보호, 기본권보호, 언론의 다양성 보장 등의 내용도 포함되는 것으로 확대되었다. 다만 강제적 필요가 인정되더라도 이는 필요한 한도 내에서 즉, 비례원칙에 따라 인정된다.

---

13) EuGHE, Rs.8/74, Slg.1974, S.837 - Dassonville.

14) EuGHE, Rs.120/78, Slg.1979, S.649 - Cassis de Dijong.

③ 제한조치에 관한 구성요건에서 교정책: 켁(Keck)

켁 등은 일정 제품을 실제 구입가격보다 싼 값에 판매하여 프랑스 검찰로부터 염가판매금지 위반으로 기소되었다. 염가판매금지규정은 특별 상품에 차별적으로 적용되거나 국적을 근거로 한 것도 아니며, 오히려 가격경쟁왜곡을 방지하기 위한 것이므로 실제로 상품자유이동에 위반되는지가 문제였다. 이에 대하여 유럽재판소는 상품의 생산과 유통에 관련된 (예컨대 생산품의 형식, 규격, 질량, 조합방식, 장식, 포장상태 등) 규정들은 수량제한과 유사한 효과를 갖는 것으로 볼 수 있지만, 단순히 생산품의 판매방식을 제한하거나 금지하는 규정들은 국내시장진입을 어렵게 하는 것은 아니기 때문에, 염가판매를 금지하는 것은 그러한 판매방식에 해당되기 때문에 기본자유가 적용되지 않는다고 판단했다.15)

경제적 교류의 장애를 제거하기 위하여 전적인 통합을 꾀하다보면, 각 회원국들의 문화적 차이로 야기되는 장애(예컨대 주일영업금지 등)까지 제거해야 할 필요성이 발생하고, 이러한 문화적 차이까지 부정한다면 오히려 통합은 커다란 위기에 봉착할 수 있다. 따라서 이러한 문제를 야기하지 않기 위해서, 다른 한편 사회적 문화적 특수성은 회원국 고유권한이기 때문에, 다송빌 판결에서 인정되었던 제한적 효과를 갖는 조치에 대하여 켁 판결은 일정한 예외를 인정하게 되었다.16)

---

15) EuGHE, Rs.C-267/91 u. C-268/91, Slg.1993, S.I-6097 - Keck.

16) 물론 상품의 판매방식은 회원국의 사회적, 문화적 특성과 관련성이 깊은 것이라는 점을 전제로 상품의 경우 판매방식규정과 생산방식규정을 구별하여 기본자유의 적용여부를 판단하고 있지만, 상품의 판매방식과 생산방식에 대한 구체적인 사례를 접할 때는 실제 명확하게 구별하기 어려운 측면도 부인할 수 없다. 예컨대 광고의 일정한 제한은 판매방식에 관한 것으로 볼 수 있지만, 전면적인 광고금지는 시장진입 자체를 방해하는 중대한 경제교류의 장애에 해당할 수 있다.

2. 유럽법상 기본권

(1) 개념

유럽연합의 기본권은 유럽연합조약과 유럽공동체조약이 유럽연합의 공권력행사로부터 보장하는 개인의 권리의 총칭이라 할 수 있다. 그러나 유럽연합조약이나 공동체조약 모두 개인의 기본권에 대해서는 규정이 없다. 초기 유럽재판소가 기본권에 대해 소극적인 입장을 취한 이유는, 각 회원국의 기본권을 이유로 유럽연합시장 내의 경제교류가 방해될 우려가 있었기 때문이며, 명시적인 근거가 없음에도 불구하고 국제조약으로 인식되는 유럽공동체조약을 직접 회원국 국내법규범을 심사하기 위하여 적용하는데 부담이 따랐기 때문이다. 그럼에도 결국 유럽연합 기본권은 유럽재판소의 지속적인 판례를 통해 인정되었다. 따라서 유럽연합의 기본권은 그 근거가 중요한 문제로 등장한다.

(2) 근거

명시적인 기본권으로 인정할 수 있는 근거로는, 국적을 이유로 한 차별금지규정인 유럽공동체조약 제12조, 제18조 이하의 연합시민권, 그 밖에 제31조, 제72조, 제90조, 제141조, 제294조 등의 개별적이고 구체적인 상황에서 평등권 등이다.

유럽재판소가 묵시적인 기본권 인식의 근거(Rechtserkenntnisquelle)로 인정한 것은 유럽인권협약(EMRK)과[17] 공동체법의 일반원칙으로서 회원국 공동의 헌법전통(gemeinsame Verfassungsüberliferungen der Mitgliederstaaten als allgemeine Grundsätze des Gemeinschaftrechts)이다.[18] 유럽재판소가 이 두 가지를 法源(Rechtsquelle)이 아닌 법인식

17) EuGHE, Rs.4/73, Slg.1974, S.491 Rn.13 - Nold.

18) EuGHE, Rs.11/70, Slg.1970, S.1125, Rn.4 - Internationale Handelsgesellschaft.

의 근거로 삼은 이유는, 회원국간 법가치의 차이를 조정하면서 공통된 기본권을 판례로서 도출해내기 위해서다.

유럽이사회, 유럽의회, 유럽위원회는 1977년 기본권효력에 관한 공동성명을 발표한 후에, 마스트리히트조약에서 판례의 입장을 명시적으로 수용하여 현재 유럽연합조약 제6조 제2항에[19] 규정하였다. 이후 유럽연합은 2000년 12월 7일 법적 효력을 갖지 못한 유럽연합 기본권헌장(Charta der Grundrechte der Europäischen Union)을 프랑스 니스에서 선포하였다. 기본권헌장은 2004년 체결된 유럽헌법조약 제2부에서 조약에 맞게 약간 변경되어 포함되었다가, 2007년 체결된 리스본조약 제6조에서는[20] 기존의 유럽연합조약 제6조가 확장된 형태로만 규정되었고, 기본권헌장은 다시 독립된 문서 형태로 리스본조약 체결에 맞추어 약간의 수정을 거쳐 설명서와[21] 함께 공표되었다.[22]

---

19) 제6조 제2항: 유럽연합은 1950년 12월 4일 로마에서 체결된 유럽인권협약에서 보장되거나, 공동체법의 일반원칙으로서 회원국 공동의 헌법전통에서 도출되는 기본권을 존중한다.

20) 제6조: ① 유럽연합은 2007년 12월 12일 스트라스부르크에서 조정된 2000년 12월 7일자 유럽연합기본권헌장에 규정된 권리, 자유, 원칙들을 인정하며, 기본권헌장은 (리스본)조약들과 법적으로 동등하다. 조약들에 규정된 연합의 권한은 헌장의 규정들을 통해 확장되지 못한다. 헌장에 규정된 권리, 자유, 원칙들은 해석과 적용을 규정한 헌장 제7부의 일반규정에 따라, 규정의 근거에 관하여 헌장에 삽입된 설명을 적절히 고려하여 해석한다.

② 유럽연합은 유럽인권협약에 가입한다. 이 가입으로 말미암아 본 조약에 규정된 유럽연합의 권한은 변경되지 않는다.

③ 유럽인권협약에 보장되고, 회원국 공동의 헌법전통으로서 도출되는 기본권은 일반원칙으로서 유럽연합법의 일부를 구성한다.

21) ABl. 2007/C 302/01

22) ABl. 2007/C 301/01

(3) 내용

유럽재판소는 판례를 통해 일반적인 행동자유권,[23] 사생활보호,[24] 표현의 자유,[25] 무역의 자유,[26] 직업의 자유,[27] 결사의 자유,[28] 재산권,[29] 종교의 자유,[30] 가족생활의 보호,[31] 주거의 자유[32] 등을 인정함으로써, 포괄적으로 기본권보장을 인정하고 있다.

(4) 유럽연합기본권헌장

유럽연합기본권헌장은 리스본조약이 효력을 발휘하게 되면 리스본조약 제6조에 근거하여 법적 구속력을 갖게 된다. 그 때까지는 형식적으로는 구속력이 강하지 않지만, 실제적으로는 유럽제1심법원(EuG)이나 법률고문관(Generalanwalt)들이 최종변론(Schlussantrag)에서 기본권헌장을 근거로서 자주 인용하기 때문이다.

기본권헌장의 의미는 유럽재판소의 표현을 빌리면 '유럽연합 회원국 공동의 헌법전통의 핵심내용'으로 인정할 수 있다. 그 동안 판례를 통해 기본권의 인식근거로 희미하게 인정되던 것이, 명확성과 정당성을 가진 명실상부한 法源으로 확립된 것이다.

기본권헌장은 前文(Präambel)과 7章(Titel)으로 구성되어 있으며, 제1장(제1조 내지 제5조)은 인간존엄, 제2장(제6조 내지 제19조)은 자유,

---

23) EuGHE, Rs.133/85, Slg.1987, S.2289 - Rau.

24) EuGHE, Rs.136/79, Slg.1980, S.2033 - National Panasonic.

25) EuGHE, Rs.C-274/99, Slg.2001, S.I-1611 - Connolly/Kommission.

26) EuGHE, Rs.11/70, Slg.1970, S.1125 - Internationale Handelsgesellschaft.

27) EuGHE, Rs.44/79, Slg.1979, S.3727 - Hauer.

28) EuGHE, Rs.C-415/93, Slg.1995, S.I-4921 - Bosman.

29) EuGHE, Rs.44/79, Slg.1979, S.3727 - Hauer.

30) EuGHE, Rs.130/75, Slg.1976, S.1589 - Vivien Prais/Rat.

31) EuGHE, Rs.249/86, Slg.1989, S.1263 - Kommission/Deutschland.

32) EuGHE, Rs.46/87 u. 227/88, Slg.1989, S.2859 - Hoechst/Kommission.

第3장(第20조 내지 第26조)은 평등, 第4장(第27조 내지 第38조)은 連帶(Solidarität), 第5장(第39조 내지 第46조)은 시민권(Bürgerrechte), 第6장(第47조 내지 第50조)은 司法上 권리, 第7장(第51조 내지 第54조)은 헌장의 해석과 적용에 관한 일반규정을 내용으로 한다. 기본권헌장은 자유와 권리만 규정한 것이 아니라 원칙들(Grundsätze)도 규정하고 있는데, 범죄와 형벌에서 법률적합성(Gesetzmä β igkeit)원칙이나 비례(Verhältnismä β igkeit)원칙 등이 그러하다.

독일헌법상 기본권 내용과 비교하면 포괄적 기본권이나 법인에 관한 규정이 없으며, 실제로 유럽연합의 권한에 해당하지 않기 때문에 기본권으로 보호될 필요성이 없는 사형폐지(第2조 第2항)나 종교적 이유의 집총거부권(第10조 第2항) 등은 상징적 의미만을 갖는다. 자유권과 사회권 내지 국가목적조항 등이 혼재되어 그들 간에 규범적 차이가 있음에도 불구하고 第52조[33] 때문에 마치 통일된 기본권

---

33) 第52조: ① 본 헌장에서 인정된 권리와 자유의 행사에 대한 모든 제한은 법률로 규정되고, 권리와 자유의 본질적 내용은 존중되어야 한다. 비례원칙에 따라 제한은 필요한 경우에 그리고 유럽연합이 인정한 공공복리에 적합한 목표설정이나 타인의 권리와 자유를 보호하기 위하여 실제로 필요한 경우에만 인정된다.

② 조약에 규정되어 있고, 본 헌장에서 인정한 권리의 행사는 조약에 규정된 조건과 한계의 범위내에서 이루어진다.

③ 유럽인권협약에 상응하는 권리를 본 헌장이 포함하는 경우에, 그 권리는 인권협약에서 인정되는 것과 동일한 의미와 효력을 갖는다. 본 항은 유럽연합법이 기본권보호를 확장하는 것을 방해하지 않는다.

④ 회원국 공동의 헌법전통에서 도출된 기본권이 본 헌장에서 인정되는 경우, 기본권은 전통에 맞게 해석한다.

⑤ 원칙이 포함된 본 헌장의 규정들은 각각의 권한행사에 따른 입법행위, 유럽연합의 기관, 조직, 기타 부서의 집행행위, 회원국의 유럽연합법 집행행위 등을 통해 실현될 수 있다. 재판소는 행위의 해석과 행위의 적법성에 관한 판단의 경우에만 원칙에 관한 규정들을 적용할 수 있다.

⑥ 본 헌장에 규정되어 있는 바와 같이, 회원국의 법규범과 관습(Gepflogenheiten)은 충분히 고려되어야 한다.

제한체계가 서 있는 듯한 인상을 준다. 과연 자유권과 사회권 사이에 또는 국가목적과 권리 사이에 동일한 기본권제한체계가 확립될 것인지 등, 앞으로 독자적인 유럽연합기본권이론의 발전을 주목할 필요도 있다.

(5) 유럽법상 기본자유와 유럽연합기본권과의 관계

기본자유가 유럽연합내에서 주로 회원국을 상대로 주장하는 권리인 반면, 기본권은 유럽연합을 상대로 주장하는 측면에서 양자는 구별될 수 있다.[34] 기본자유가 주로 경제적 자유인 반면 기본권에는 정신적 자유도 포함된다는 측면에서 다르다고 할 수도 있다. 그러나 그 동안 주로 회원국에 의해 제한을 받던 경제적 권리인 기본자유가 유럽연합에 의해 제한되는 경우가 발생한다면 기본자유와 기본권이 경합할 수 있다. 유럽연합이 경제적 기본자유를 보장하기 위하여 기본권(예컨대 슈미드베르거 판결의 경우 집회의 자유, 오메가판결의 경우 인간존엄)을[35] 제한하게 되는 경우 기본자유와 기본권의 충돌 내지 기본권간의 충돌문제로 볼 수 있다. 유럽연합내 경제적 자유인 기본자유와 유럽연합기본권상 경제적 기본권이 엄격하게 구분될 수 있다면 양자는 구분할 수 있겠지만, 그렇지 못한다면 결국 양자의 어느 정도 융합과 수렴을 부인하기는 어려울 것이다.[36]

---

⑦ 유럽연합과 회원국의 법원은 본 헌장의 해석을 위한 지침(Anleitung)으로서 작성된 설명서를 적절하게 고려해야 한다.

34) 유럽법상 기본자유와 유럽연합기본권의 차이점과 유사점에 대해서는 정문식, 유럽법상 기본자유와 기본권의 관계, 유럽헌법연구 창간호, 2007, 186-192면 참조.

35) 두 판례에 관한 내용은 정문식, 유럽법상 자유로운 상품이동의 기본적 자유와 기본권 보호로 인한 제한, 중앙법학 제7집 제4호, 2005, 77-83면 참조.

36) 기본자유를 기본권과 유사한(grundrechtsähnlich) 성격 내지 지위를 갖는 것으로 보는 견해는 Kraus, in: Grote/Marauhn(Hrsg.), EMRK/GG, 2007,

3. 유럽인권협약(EMRK)상 인권

(1) 성립

제2차 세계대전 이후 1949년 5월 5일 유럽 공동의 이념과 원칙들을 보전하고 실현하며, 사회경제적 발전을 증진시키기 위하여 유럽 10개 국가가 런던조약을 통해 국제조직형태로 유럽평의회(Europarat: Council of Europe)를 발족시켰다. 유럽평의회는 세계인권선언의 영향을 받아 1950년 11월 4일 로마에서 “인권과 기본적 자유보장을 위한 협약(Konvention zum Schutz der Menschenrechte und Grundfreiheiten)”이 채택되었다.[37)] 독일은 1951년 유럽평의회의 정회원국이 되어 1952년 12월 5일 협약을 비준하였으며, 협약은 1953년 9월 3일부터 효력을 발생하였다.[38)] 2008년 8월 현재 47개국의 회원국이 가입하였다.

(2) 추가의정서

유럽인권협약(Europäische Menschenrechtskonvention: EMRK)은 그 뒤 2008년 8월까지 14개의 추가의정서(Zusatzprotokoll)에 의해서 내용이 보충되거나 개정되었다. 주요한 내용으로는 제1의정서에는 개인의 재산권, 교육에 관한 권리, 비밀선거와 자유선거의 보장, 제4의정서에는 내국인과 외국인의 이전의 자유(Freizügigkeit), 추방금지 등을 보장하고, 제6의정서에서는 사형제도를 금지했으며, 제13의정서에서 이를 戰時까지 확대했다. 제7의정서에서는 司法上 또는 절차법상 기본권들을 보장하며, 제12의정서에서는 유럽인권협약 제14조의

Kap.3, Rn.124ff. 참조.

37) 유럽인권협약의 구조 등에 관한 개괄적인 설명은 이주윤, 유럽인권협약상 개인청원의 효율성 제고에 관한 연구, 연세대, 2006, 31-50면 참조.

38) 유럽인권협약의 발생과 발전에 관한 역사는 상세하게 Grote, in: ders./Marauhn(Hrsg.), EMRK/GG, 2007, Kap.1, Rn.13ff. 참조.

차별금지를 인권협약상 권리에만 제한하지 않고, 일반적인 모든 차별금지로 확대했다. 유럽인권법원의 효율적인 운용을 주요내용으로 담고 있는 제14의정서는 아직 발효되지는 않았다.

(3) 권리구제

제11의정서가 효력을 발휘하기 전까지는 유럽인권위원회(EKMR)가 제기된 소원(Beschwerde: petition)의 적법성(Zulässigkeit: admissibility)을 심사하여, 국내법상 권리구제절차를 거치지 않았거나(보충성원칙), 제소기간을 지키지 않은 소원, 명백한 흠결이 있는 소원은 각하하였다. 적법성이 인정되어 유럽인권법원(EGMR)에 상정된 경우에도 3개월 내 결정이 내려지지 않으면 각료위원회(Ministerkomitee)가 협약위반을 판단하였다.

개인의 권리구제여부가 정치적 기관에 의하여 결정될 수 있는 문제 등 때문에, 제11의정서가 발효된 1998년 11월부터는 유럽인권위원회가 폐지되고, 개인이 직접 유럽인권법원에 소원을 제기하고, 판결을 받을 수 있도록 변하였다. 그러나 이러한 편리한 제도 덕분에 유럽인권법원에 제기된 개인소원 신청 건수는 엄청나게 증가하여 오히려 권리구제의 효율성에 문제가 발생하자, 각료위원회는 유럽인권법원의 업무부담을 경감시키고 권리구제의 효율성을 제고하고자, 적법성 요건을 강화한 제14의정서를 채택하였다.[39]

(4) 내용

독일 기본권상 방어권에 해당되는 내용으로는 생명권(제2조), 사형제도폐지(제6의정서 제1조, 제13의정서 제1조), 신체불가침(제3조)과 신체의 자유(제4조, 제5조), 이전의 자유(제4의정서 제2조), 개인과 가족생활의 존중(제8조), 부모를 통한 양육권(제1의정서 제2조), 혼인의 자유

---

39) 제14의정서에 대한 평가에 관하여는 이주윤, 앞의 학위논문 참조.

(제12조), 사상 · 양심 · 종교의 자유(제9조), 표현의 자유(제10조), 재산권(제1의정서 제1조) 등이 있다. 제14조가 성, 인종, 피부, 언어, 종교, 민족이나 사회적 출신, 재산, 신분 등에 의한 차별금지를 제7의정서 제5조가 부부간 자녀에 대한 평등한 권리와 의무를 규정하고 있다.

사회권 차원에서는 제1의정서 제2조가 교육에 관한 권리를 규정하고 있으나, 선거권에 있어서는 제1의정서 제3조가 합리적 기간을 전제로 한 자유선거와 비밀선거원칙만 인정하고 있을 뿐이며 평등선거는 언급되지 않았고, 특정한 선거제도에 관한 규정도 없다.

절차적 기본권에 있어서는 상대적으로 독일헌법보다도 상세하고 광범한 규정을 두고 있으며, 제5조의 적법절차에 따른 신체의 자유뿐만 아니라 제6조에서 공정한 재판을 받을 권리에 관한 상세한 내용, 제7조의 죄형법정주의, 제13조의 효율적인 권리구제까지 규정하고, 이러한 절차적 기본권을 제7의정서를 통해 외국인에게까지 인정하고 있다.

(5) 국내법상 효력

유럽인권협약은 국제법상 조약에 해당하므로, 국내법상 어떤 효력을 가지는지는 전적으로 국내법에 의해 정해진다. 독일헌법 제25조에 근거하여 유럽인권협약이 국제법상 일반법규(allgemeine Regeln des Völkerrechtes)라면 연방법의 일부로서 법률에 우선하는 효력을 부여받지만, 독일의 다수견해는 유럽인권협약을 일반적으로 제59조 제2항 제1문의 연방의회(Bundestag)의 동의(Zustimmung)와 연방상원(Bundesrat)의 협력이 필요하며, 헌법 제59조 제1항 제2문에 따라 연방대통령의 비준을 얻어야 하는 연방법률(Bundesgesetz)과 같은 것으로 본다.[40]

---

40) BVerfGE 74, 358(370); 82, 106(114). 이에 관하여 상세하게는 Giegerich, in: Grote/Marauhn(Hrsg.), EMRK/GG, 2006, Kap.2, Rn.41ff. 참조.

그러나 유럽인권협약이 독일헌법상 기본권에 미치는 실제적 영향력은 상당히 크다. 연방헌법재판소는 헌법과 법률의 해석에 유럽인권협약의 내용과 발전상황을 고려해야 한다고 강조했다.[41] 또한 유럽인권협약은 위헌판단의 심사기준은 아니기 때문에 협약위반만으로는 헌법소원심판을 청구할 수 없음에도, 명백한 협약위반인 경우에는 독일헌법 제3조 제1항의 평등원칙 위반으로서 인정하는 경향이 있다.[42]

4. 유럽연합기본권, 유럽인권협약상 인권, 독일헌법상 기본권

유럽연합기본권헌장 제정 이후 활발히 논의되고 있는 유럽연합기본권과 유럽인권협약상 인권, 독일헌법상 기본권의 관계는 아직 확립된 내용을 언급하기는 어렵고, 계속적으로 발전상황을 지켜봐야 한다. 다만 개략적으로 언급한다면 다음과 같이 정리해 볼 수 있다.

(1) 기본권과 유럽인권협약상 인권

기본권과 인권에 대하여 연방헌법재판소와 유럽인권재판소가 유사하거나 같은 개념을 적용하고 해석을 통해 유사한 결정을 내리거나, 양 재판소가 상호 재판소 결정에 대하여 존중하는 입장을 취한다면 큰 문제는 발생하지 않는다. 그러나 동일한 사안에 관하여 예컨대 캐롤린(Carolin) 판결처럼 유명인사의 사생활을 소위 황색언론이 빈번하게 사진과 함께 보도함으로써 일반적 인격권과 언론의 자유가 충돌하는 경우, 연방헌법재판소는 표현의 자유를 조금 더 보호하는 결정을 내렸지만,[43] 유럽인권재판소는 사생활을 더 중요시 여기는[44] 서로 다른 결정을 내리거나 또는 유사한 개념에 관하여 서

---

41) BVerfGE 74, 358(370); 82, 106(115).

42) BVerfGE 64, 137(158); 74, 102(128).

43) BVerfGE 101, 361ff.

로 다른 해석을 할 경우에는 해결책이 없다. 연방헌법재판소가 유럽인권재판소의 판결을 그대로 따를 법적인 의무가 있는 것은 아니기 때문이다.

(2) 유럽인권협약상 인권과 유럽연합기본권

유럽재판소는 유럽연합기본권의 인식근거로서 유럽인권협약을 인정하여 유럽연합기본권과 유럽인권협약상 인권의 수준을 비슷하게 이끌고자 노력하고 있다. 그러나 필요에 따라서는 예컨대 영업소(Geschäftsraum)의 경우 주거불가침의 보호를 받는 주거의 개념에 포함시키지 않고,[45] 유럽인권재판소와 달리 독자적인 결정을 내릴 때도 있었다. 최근 유럽재판소가 공권력행사가 적법하고 기본권침해가 없다고 결정을 내린 사건에[46] 대하여, 유럽인권재판소는 첫째 유럽연합기본권이 일반적으로 유럽인권협약과 유사한(comparable) 정도로 인권을 보호하고, 둘째 인권보호에 명백한 흠결이 발견되지 않는다면, 유럽연합의 공권력행사는 적법하다는 추정을 내림으로서 인권심사를 자제하였다.[47] 이는 유럽인권재판소가 인권침해심사를 자제함으로서 유럽재판소와 유럽내 기본권보장에 있어서 협력관계를 희망하지만, 유럽재판소가 유럽인권재판소와 필적할만한 인권보호수준을 유지하지 못한다거나 인권보호에 명백한 흠결이 있는 경우에는 언제든지 인권협약위반여부를 심사하겠다는 유럽인권재판소의 "유보부

---

44) EGMR, Rs.59320/00(Caroline von Hannover/Germany), 특히 Rn.56ff. 참조. 본 결정에 대한 최근 평석은 대표적으로 Starck, JZ 2006, S.76ff.; Engels/Jürgens, NJW 2007, S.2517ff. 참조.

45) EuGHE, Rs.46/87 u. 227/88, Slg.1989, S.2859, Rn.17f. - Hoechst/Kommission.

46) EuGHE, Rs.C-84/95, Slg.1996, S.I-3953 - Bosphorus.

47) EGMRE, Rs.45036/98, Rn.152ff.(Bosphorus) 참조. 이 사건에 관한 구체적인 내용과 평가는 정문식, 유럽공동체법에 따른 기본권제한시 유럽인권재판소의 인권보장, 법학논총(전남대) 제28집 제1호, 2008, 576-586면 참조.

인권심사 자제"라고 볼 수 있다.

(3) 유럽연합기본권과 독일헌법상 기본권

유럽연합기본권은 유럽연합이 개인의 기본권을 제한했을 경우에 적용되고, 독일헌법의 기본권은 독일연방공화국의 공권력행사가 개인의 기본권을 제한했을 때 적용되는 것이며, 유럽법관계의 구성요건에 해당하는 한 유럽법이 우선적으로 적용되므로 양자간 기본권관계는 어느 정도 구별될 수 있다. 그러나 회원국인 독일에서 유럽법, 예컨대 명령(Verordnungen)이 집행되든, 지침(Richtlinien)을 변형하여 법률로 집행될 때 기본권이 제한된다면 유럽재판소와 독일연방헌법재판소간의 사법(재판)권 경합이 발생할 수 있다. 유럽법이 집행되기 때문에 연방헌법재판소는 전혀 개입할 수 없는 것인지, 아니면 어느 정도까지 개입하여 독일내 개인의 기본권을 보장할 수 있는 것인지 문제가 될 수 있다.

독일연방헌법재판소는 소위 "조랑에(Solange) Ⅱ" 판결을[48] 통하여, 유럽연합이 유럽연합의 공권력행사에 대하여 일반적으로 독일헌법상

---

48) BVerfGE 73, 339(387). Solange라는 판결의 명칭은 본 결정의 두 번째 주문(과 본문 해당 페이지의 solange라는 접속사)에서 비롯되었는데, 원문은 다음과 같다. "Solange die Europäischen Gemeinschaften, insbesondere die Rechtsprechung des Gerichtshofs der Gemeinschaften einen wirksamen Schutz der Grundrechte gegenüber der Hoheitsgewalt der Gemeinschaften generell gewährleisten, der dem vom Grundgesetz als unabdingbar gebotenen Grundrechtsschutz im wesentlichen gleichzuachten ist, zumal den Wesensgehalt der Grundrechte generell verbürgt, wird das Bundesverfassungsgericht seine Gerichtsbarkeit über die Anwendbarkeit von abgeleitetem Gemeinschaftsrecht, das als Rechtsgrundlage für ein Verhalten deutscher Gerichte oder Behörden im Hoheitsbereich der Bundesrepublik Deutschland in Anspruch genommen wird, nicht mehr ausüben und dieses Recht mithin nicht mehr am Maβstab der Grundrechte des Grundgesetzes überprüfen; ..."

기본권의 본질적 내용 즉, 필수불가결한 기본권 보호수준과 동일한 정도의 효과적인 기본권보호를 보장하는 한(solange), 유럽연합법의 적용에 관하여 재판권을 행사하지 않고, 독일헌법상 기본권을 심사기준으로 삼지 않겠다고 확인했다. 마스트리히트(Maastricht) 결정에서는[49] 연방헌법재판소가 독일내 제2차 공동체법(sekundäres Gemeinschaftsrecht), 예컨대 유럽법상 명령이나 지침의 적용에 대해서도 유럽재판소의 재판권에 대한 협력관계 속에서 재판권을 행사하되, 독일헌법상 필수적인 기본권수준의 일반적인 보장여부에만 제한될 수 있음을 확인했다. 일반적인 보장(generelle Gewährleistung)이란 의미는 구체적인 사례마다 상이한 보호정도를 의미하는 것이 아니기 때문에 구체적인 사례에 있어서는 독일연방헌법재판소의 기존의 기본권 보호수준에 미치지 못할 수도 있다. 최근 바나나시장(Bananenmarkt) 판결에서도[50] 유럽재판소에 유럽연합 공권력행사에 대한 적법성 심사기회를 먼저 인정하되, 이를 통해 독일헌법상 필수적으로 요구되는 기본권 보호수준에 미치지 못하는 경우에, 연방헌법재판소의 심사권한을 행사할 것을 확인했다.

전체적으로 독일연방헌법재판소는 유럽연합의 공권력행사로 말미암는 기본권제한 문제는 먼저 유럽재판소에 판단기회를 부여하여 유럽통합과정상 기본권보호 문제에 있어서 유럽재판소와 협력관계를 맺되, 유럽재판소가 독일헌법상 필수불가결한 기본권보호(unabdingbarer Grundrechtsschutz)를 하지 못하는 경우에는 독일헌법상 기본권조항을 심사기준으로 재판권을 행사할 수 있는 여지를 남겨놓았다. 독일헌법상 필수불가결한 기본권보호 수준이 어느 정도인지 앞으로 구체적인 판례들을 통해 확인하는 것이 중요한 과제일 것이다.

---

49) BVerfGE 89, 155(174f.).

50) BVerfGE 102, 147(163f.).

(4) 유럽연합내 기본권보호의 삼각관계

유럽연합내에서는 개인이 개별회원국의 국내법원을 통해서, 유럽연합의 공권력행사의 경우에는 유럽재판소를 통해서, 그 밖에 유럽인권재판소를 통해서 권리구제를 해결할 수 있다. 유럽재판소, 유럽인권재판소, 회원국의 경우 예컨대 독일연방헌법재판소간의 기본권문제에 관한 재판권에 있어서 삼각관계는 크게 협력관계와 경합 내지 충돌관계로 구분할 수 있다. 재판권이 충돌하거나 경합하는 경우는 예외적인 경우로 보인다. 주로는 협력관계를 유지하는 것으로 보이는데, 예컨대 유럽인권재판소나 독일연방헌법재판소는 유럽재판소의 기본권보호수준을 인정하고 인권협약침해여부나 독일헌법상 기본권침해여부에 대한 심사를 자제하고 있으며, 독일연방헌법재판소는 기본권해석에 유럽인권협약과 유럽인권재판소의 판례내용을 상당부분 고려하고 있기 때문이다.

이러한 관계는 유럽연합이 리스본조약 제6조 제2항에 근거하여 유럽인권협약에 가입하게 되면 또 다시 변화를 겪게 될 것이다. 물론 리스본조약 제6조 제2항 제2문에 따라 유럽연합이 유럽인권협약에 가입한다고 유럽재판소의 권한에 특별한 변경을 가하는 것은 아니지만, 유럽연합기본권의 인식근거(Rechtserkenntnisquelle)였던 유럽인권협약은 유럽연합기본권의 法源(Rechtsquelle)이 되는 것이다. 이를 통해 유럽연합기본권의 보호수준과 유럽인권협약상 인권보호의 수준은 수렴할 가능성이 높으며, 독일헌법상 기본권내용에도 이전보다 더 강한 영향을 줄 것으로 전망할 수 있다. 물론 2008년 현재 40개국 이상의 유럽인권협약가입국, 27개국 유럽연합회원국의 문화적 차이에 따른 기본권 내용의 차이와 유럽인권재판소나 유럽재판소가 판례를 통해 확립하는 기본권의 내용상 차이와 갈등의 가능성도 남아있음을 간과해서는 안된다.

Ⅲ. 독일헌법상 기본권과 국제법상 인권

오늘날 인권보장은 개별 국가의 통치권력이나 공권력행사의 정당성을 의미하기 때문에, 점차 국제조약 형식으로 체결되어 실정법화되고 있다. 이에 따라 국제법에서도 개인을 국제법상 주체로서 인정하려는 경향이 강해지며 국제인권법에서 더욱 그러하다. 다만 인권에 관한 국제조약의 증가에 따라 인권보장수준도 실제적으로 높아지는가에 대해선 회의적이다. 국제조약의 집행력을 보장할 만한 효율적인 통제수단이 미비하기 때문이다. 그럼에도 독일내에서 인권보장수준은 국제적인 기준에 비추어 보았을 때, 전반적으로 유사하거나 우월한 편이다. 중요한 국제인권협약으로는 세계인권선언(AEMR), 유럽인권협약, 경제적 · 사회적 및 문화적 권리에 관한 국제규약(소위 A규약), 시민적 · 정치적 권리에 관한 국제규약(소위 B규약) 등이 있으나 유럽인권협약은 앞(Ⅱ, 3)에서 다루었으므로 나머지에 대해서만 언급한다.

먼저 1948년 국제연합 제3차 총회에서 채택된 세계인권선언(AEMR)은 총회의 의결로서 법적 구속력이 없으나, 일부 견해는 구속력이 있는 국제관습법 내지 국제법상 강행규범(ius cogens)으로도 인정한다.[51] 다만 세계인권선언이 가지고 있는 윤리적 내지 정치적 의미나 규범적인 모범으로서 중대한 역할을 한다는 것에는 의문의 여지가 없다.

시민적 · 정치적 권리에 관한 국제규약은 기본권의 1세대라고 할 수 있는 전통적인 자유권적 방어권을 주요 내용으로 하고 있으며, 경제적 · 사회적 및 문화적 권리에 관한 국제규약은 2세대 기본권이라고 할 수 있는 경제적, 사회적, 문화적 기본권을 주요 내용으로

---

51) 대표적으로 Stern, Staatsrecht der Bundesrepublik Deutschland, Bd.III/2, 1994, S.1539.

하고 있다. B규약 제11조의 경우 모든 인류의 적당한 생활수준의 유지와 자원의 효율적인 개발과 이용을 위한 국제적 협력을 강조하는 소위 3세대적인 연대권 등의 내용도 담고 있다.

인권에 관한 국제규약은 유럽인권협약과 비교할 때, 규약의 실현을 집행하고 이를 통제할 제도적 장치가 없는 것이 약점이다. 경제적 · 사회적 및 문화적 권리에 관한 국제규약은 규약의 실현에 관한 진전사항을 보고할 의무를 당사국에 부여하며, 시민적 및 정치적 권리에 관한 국제규약도 당사국에 보고의무를 부여하고, 인권보호의무 위반에 대한 국가소원(Stattenbewschwerde) 내지 개인통보제도(Individualbeschwerde)를 인정하고 있다. 다만 국제연합인권이사회의 규약위반확인은 당사국에 법적 구속력을 갖는 것은 아니다.

Ⅳ. 우리나라에서 의미와 실제

우리나라는 독일과 달리 아직 아시아공동체나 국제조약의 법적 영향 하에서 기본권보장문제를 구체적으로 논할 수 있는 상황은 아니며, 실제로 국제법상 기본권보장과 헌법상 기본권보장이 경합하거나 충돌한 경우는 없는 것으로 보인다. 조약을 위헌심사의 대상으로는 인정할 수 있지만, 조약이나 국제관습법 등을 위헌심사의 기준으로 삼는 것에 대해서는 논란이 될 수 있다. 국제법존중주의를 따른다면 긍정할 수 있지만, 헌법재판소는 이에 대해 소극적이다.[52)]

앞으로 국제법적 영향력이 확대되어 우리 헌법재판소도 국제조직과의 협력이 필요하다면, 독일의 "Solange"방식을 고려할 수 있을 것이다. 즉, 국제조직을 통한 대한민국 국민의 기본권보장이 일반적으

52) 예컨대 헌재 1996.12.26, 90헌바19등, 8-2, 729(747); 1998.7.16, 97헌바23, 10-2, 243(248) 등에서 청구인은 국제노동기구(ILO) 제105호의 위반을 주장했으나 헌법재판소는 받아들이지 않았다.

로 헌법재판소를 통한 기본권보장 수준에 미달하지 않는 한, 헌법재판소의 판단권한을 적극적으로 행사하지 않는 것이다. 그러할 때 우리 정부가 국제조직과의 협력이나 통합과정을 진행하는데 사법차원에서의 방해없이 협력할 수 있기 때문이다.

부 록

독일헌법의 기본권 관련 조항*

APPENDEX

독일연방공화국 기본법

(Grundgesetz für die Bundesrepublik Deutschland)

전문(Präambel)

하나님과 인간에 대한 책임을 의식하고 통일 유럽의 동등한 회원국으로서 세계평화에 이바지하고자, 독일국민은 헌법제정권력을 근거로 이 기본법(Grundgesetz)을 제정했다.

---

* 각 조문의 표제는 Dreier/Wittreck, Grundgesetz, Mohr Siebeck, 2006을 참조한 것으로서 공식적인 것은 아니다. 우리말 번역은 기본적으로 계희열 역, 통일독일헌법원론, 삼영사, 2001; 정태호 역, 독일기본권개론, 헌법재판소, 2001; 독일연방법무부 인터넷에 올라있던 박진애 박사의 번역 등을 참조하여 반영했음을 밝혀둔다. 해석상 논란이 가능하거나 본문의 성격을 의역한 것으로 판단될 때에는 원어를 병기했다.

바덴-뷔르텐베르크, 바이에른, 베를린, 브란덴부르크, 브레멘, 함부르크, 헤센, 메클렌부르크-포포만, 니더작센, 노르트라인-베스트팔렌, 라인란트-팔츠, 자아란트, 작센, 작센-안할트, 슐레스비크-홀스타인, 튜링엔 주(州)의 독일인들은 자주적으로 독일의 통일과 자유를 완성했다. 이로서 이 기본법(Grundgesetz)은 독일 전체국민에 대해 효력을 가진다.

Ⅰ. 기본권(Die Grundrechte)

제1조【인간존엄, 인권, 기본권에 구속】

(1) 인간존엄은 불가침(unantastbar)이다. 이를 존중하고 보호하는 것이 모든 국가권력의 의무다.

(2) 따라서 독일 국민은 불가침(unverletzlichen) · 불가양(unveräuβerlichen)의 인권이 세계의 모든 인간공동체, 평화 그리고 정의의 기초임을 인정한다.

(3)이하 기본권은 직접 효력을 갖는 권리(Recht)로서 입법, 집행 그리고 司法을 구속한다.

제2조【인격의 자유로운 발현, 생명권, 신체불가침, 인신의 자유】

(1) 누구든지 타인의 권리를 침해하지 않고, 헌법질서와 도덕률(Sittengesetz)에 반하지 않는 한, 자신의 인격을 자유롭게 발현(Entfaltung)할 권리를 갖는다.

(2) 누구든지 생명과 신체적 불가침(Unversehtheit)에 대한 권리를 갖는다. 인신(Person)의 자유는 불가침(unverletzlich)이다. 이 기본권은 법률에 근거해서만 제한할 수 있다.

제3조【평등】

(1) 모든 인간은 법 앞에 평등하다.

(2) 남자와 여자는 동등한 권리를 갖는다. 국가는 여자와 남자의 평등대우를 실현하도록 장려하며, 현존하는 불이익을 제거하는데 힘쓴다.

(3) 누구도 자신의 성(性), 가문(Abstammung), 인종(Rasse), 언어, 고향과 출신(Heimat und Herkunft), 신앙, 종교적 · 정치적 사상 때문에 불이익이나 특혜를 받지 않는다. 누구도 장애를 이유로 불이익을 받지 않는다.

제4조【신앙의 자유】

(1) 신앙(Glauben), 양심의 자유 그리고 종교관과 세계관(weltanschaulichen) 고백의 자유는 불가침(unverletzlich)이다.

(2) 종교행사는 방해 받지 않을 것이 보장된다.

(3) 누구도 양심에 반하여 집총병역을 강제 당하지 않는다. 자세한 내용(Nähere)은 연방법률로 정한다.

제5조【표현 · 언론 · 방송 · 영상의 자유, 학문 · 예술의 자유】

(1) 누구든지 자신의 의견(Meinung)을 말, 글, 그림으로서 자유로이 표현하고(äuβern) 전달하며, 일반적으로 접근할 수 있는(allgemein zugänglichen) 정보원(Quellen)으로부터 방해 받지 않고 정보를 얻을 권리를 갖는다. 언론의 자유(Pressefreiheit), 방송(Rundfunk)과 영상(Film)을 통한 보도의 자유는 보장된다. 검열은 인정되지 않는다.

(2) 이 권리들은 일반법률(allgemeine Gesetze)의 조항, 청소년 보호를 위한 조항 그리고 개인의 명예에 의해서 제한된다.

(3) 예술과 학문, 연구와 교수(Lehre)는 자유다. 교수의 자유는 헌법에 대한 충실의무(Treue)로부터 벗어나지 못한다.

제6조【혼인과 가족】

(1) 혼인과 가족은 국가질서의 특별한 보호를 받는다.

(2) 어린이의 부양과 교육은 부모의 자연적 권리이며 우선적으로 그들에게 부과된 의무이다. 그 활동에 대해서는 국가공동체(Staatliche Gemeinschaft)가 감독한다.

(3) 교육권자가 의무를 해태하거나 기타 이유로 어린이가 방치될 우려가 있을 때, 어린이는 법률에 근거해서만 교육권자의 의사에 반하여 가족과 분리될 수 있다.

(4) 母는 공동체의 보호와 扶助(Fürsorge)에 대한 청구권을 갖는다.

(5) 혼인외 자녀의 육체적 · 정신적 성장과 사회적 지위에 관하여는 입법을 통해 혼인중 자녀와 동일한 조건이 마련되어야 한다.

제7조【학교제도】

(1) 전체 학교제도(gesamte Schulwesen)는 국가의 감독을 받는다.
(2) 교육권자는 자녀의 종교교육 참여여부에 관한 결정권을 갖는다.
(3) 종교와 관련 없는(bekenntnisfreien) 학교를 제외한 공립학교에서 종교교육은 정규교과목이다. 국가의 감독권을 침해하지 않는 범위에서 종교수업은 종교단체의 원칙(Grundsätzen)에 따라 진행된다. 어떤 교사도 의사에 반하여 종교수업을 진행할 의무를 지지 않는다.
(4) 사립학교를 설립할 권리는 보장된다. 공립학교를 대체할 사립학교는 국가의 허가가 필요하며, 이는 주법률에 따른다. 사립학교는 교육목표와 설비, 교사의 학문적 소양이 공립학교에 뒤지지 않으며 학부모의 재산관계에 따른 학생차별이 없을 때 허가된다. 교사의 경제적·법적지위가 충분히 보장되지 않을 때 허가는 거부된다.
(5) 사립초등학교는 교육행정기관이 특수교육목적을 인정하거나, 공동체를 위한 초등학교나 종교학교의 설립이 필요하고 이러한 종료의 공립초등학교가 공동체에 없어서 교육권자가 신청하는 경우에만 허가된다.
(6) 예비학교(Vorschulen)는 폐지된다.

제8조【집회의 자유】

(1) 모든 독일인은 신고나 허가 없이, 평화적이며 무기 없이(ohne Waffen) 집회할 권리를 갖는다.
(2) 옥외(unter freiem Himmel)집회 시 이 기본권은 법률로써 또는 법률에 근거해서 제한될 수 있다.

제9조【결사의 자유】

(1) 모든 독일인은 단체(Vereine und Gesellschaften)를 결성할 권리를 갖는다.
(2) 목적이나 활동이 형법에 위반되거나, 헌법질서 또는 국제적 이해나 합의(Völkerverständigung) 사상에 반하는 단체(Vereinigungen)는 금지된다.
(3) 노동·경제조건의 유지와 개선을 위해 단체를 결성할 권리는 누구에게든지 그리고 모든 직업에 보장된다. 이 권리를 제한하거나 방해하려는 협정(Abreden)은 무효이며, 이를 목적으로 한 조치도 위법이다. 제12a조, 제35조 2·3항, 제87a조 4항, 제91조에 근거한 조치는, 1문의 노동·경제조건의 유지와 개선을 목적으로 조직된 단체의 노동쟁의에 대해서는

집행할 수 없다.

제10조【서신 · 우편 · 전신의 비밀】

(1) 서신의 비밀과 우편 · 전신의 비밀은 불가침(unverletzlich)이다.

(2) 그 제한은 법률에 근거해서만 가능하다. 제한이 자유민주적 기본질서의 보호 또는 연방과 주의 존속이나 안전보장에 기여할 때는, 당사자에게 제한사실을 통지하지 않을 것과 권리구제 대신에 의회(Volksvertretung)가 조직한 기관과 보조기관을 통한 제한사실의 심사를 법률로 정할 수 있다.

제11조【이전의 자유】

(1) 모든 독일인은 연방 내에서 이전의 자유를 누린다(genieβen).

(2) 이 기본권은 충분한 생활근거의 부족으로 일반(Allgemeinheit)에게 특별부담이 발생할 때, 연방이나 주의 존립 혹은 자유민주적 기본질서에 대한 위협을 방지하기 위해, 전염위험이나 자연재해, 대형사고에 대처하기 위해, 방치위험으로부터 청소년 보호를 위해, 범죄행위의 예방을 위해 필요한 경우에 법률이나 법률에 근거해서만 제한 할 수 있다.

제12조【직업의 자유】

(1) 모든 독일인은 직업, 직장, 직업훈련장을 자유로이 선택할 권리를 갖는다. 직업행사는 법률로써 혹은 법률에 근거하여 규율할 수 있다.

(2) 전통적으로 일반적이고, 모두에게 평등한 공적 부역의무(öffentlichen Dienstleistungspflicht)를 제외하고는, 누구에게도 특정노동을 강제할 수 없다.

(3) 강제노동(Zwangsarbeit)은 법원에 의한(gerichtlich angeordneten) 자유박탈의 경우에만 허용된다.

제12a조【병역과 대체의무】

(1) 만 18세 이상 남자들에게 군대, 연방국경수비대 또는 민방위대(Zivilschutzverband) 복무의무를 부과할 수 있다.

(2) 양심을 이유로 집총병역을 거부할 때는 대체복무를 부과할 수 있다. 대체복무기간은 병역기간을 초과할 수 없다. 자세한 내용은 법률로 정하

되, 동 법률은 양심상 결정의 자유를 침해해서는 안 되며, 군대나 연방 국경수비대와 관련 없는 대체복무기회를 규정해야 한다.

(3) 제1항과 제2항의 복무에 징집되지 않는 병역의무자에게는, 방위사태(Verteidigungsfalle) 시 법률로써 혹은 법률에 근거하여 근로관계(Arbeitsverhältnisse)를 맺고, 민간인보호를 포함한 방위목적의 민간근무(zivilen Dienstleistungen)를 부과할 수 있으며, 공법상 근무관계(öffentlich-rechtliche Dienstverhältnisse)는 경찰사무나 공법상 근무관계로서만 가능한 공행정의 고권적 사무를 위해서만 인정된다. 제1문에 따른 근로관계는 군대, 군보급부문, 공행정에서 설정될 수 있으며, 민간보급부문의 근무관계에서 의무는 민간생활수요 충족이나 민간보호를 보장하기 위해서만 설정될 수 있다.

(4) 방위사태 시 민간보건시설, 의료시설 및 상설군의료기관의 민간인복무수요가 지원으로 충족되지 않을 때, 법률이나 법률에 근거하여 만18세 이상 55세 미만의 여성들을 복무시킬 수 있다. 그들에게는 어떤 경우에도 집총복무를 부과할 수 없다.

(5) 방위사태 이전에 제3항에 따른 의무는 제80a조 1항을 이유로만 인정된다. 제3항에 따른 복무준비를 위해 특별한 지식과 능력(Fertigkeiten)이 필요할 때, 법률로써 혹은 법률에 근거하여 교육시설에 참가의무를 부과할 수 있다. 이 때 제1문은 적용되지 않는다.

(6) 방위사태시 제3항 제2문에 열거된 부분의 수요가 지원으로는 충족되지 않을 때, 이 수요를 충족하기 위해 직업행사나 직장을 포기할 독일인의 자유가 법률로써 혹은 법률에 근거하여 제한될 수 있다. 방위사태 이전에는 제5항 제1문이 준용된다.

제13조 【주거불가침】

(1) 주거는 불가침(unverletzlich)이다.

(2) 수색은 판사의 명령에 의해서, 지체의 위험이 있을 때는 법률이 정한 다른 기관에 의해서 허용되며, 법률에 규정된 방식으로만 집행한다.

(3) 중대 형사범죄를 입증할[1] 특정사실이 이유 있고, 다른 방법으로는 수사

1) 원문은 "특정 사실이, 누군가 법률로써 개별적인 특정 중대 형사범죄를 범했다는 혐의에 대하여 이유 있을 때"로 되어 있지만, 의역했음을 밝힌다.

가 과도하게 어렵고 불가능하게 될 경우, 형사소추를 위해 판사의 명령에 근거하여 피의자가 체류할 것으로 예상되는 주거를 감청할[2] 수 있다. 이 조치는 기한을 정한다. 명령은 3인의 판사로 구성된 재판부가 내린다. 지체의 위험이 있는 경우에는 단독판사가 명령을 내릴 수 있다.

(4) 공공안전(öffentliche Sicherheit)에 급박한 위험, 특히 공동의 위험이나 생명의 위험을 방지하기 위해, 판사의 명령에 의해서만 주거감시장치를 할 수 있다. 지체의 위험이 있는 경우에는 법으로 정한 다른 기관의 명령으로도 가능하며, 이 때 지체 없이 판사의 결정을 추완해야 한다.

(5) 주거에 투입된 정보원(情報員)을 보호하기위해서만 감시장치를 설치할 경우, 법률이 정한 다른 기관이 동 조치를 명할 수 있다. 이 때 획득한 정보를 다른 목적을 위하여 이용(Verwertung)하는 것은, 조치의 적법성을 법원이 확정한 경우에 형사소추를 위해서 혹은 위험방지를 위해서만 허용되며, 지체의 위험이 있는 경우에는 법관의 결정은 지체 없이 추완될 수 있다.

(6) 연방정부는 매년, 제3항에 따른 감시결과, 제4항에 따른 연방관할의 감시결과, 사법심사가 필요한 경우에는 제5항에 따른 감시결과를 연방의회에 보고한다. 연방의회(Bundestag)가 구성한 회의체(Gremium)는 보고서에 근거하여 의회통제를 실시한다. 주에게도 동일한 의회통제를 보장한다.

(7) 그 밖의 제한(Eingriffe und Beschränkungen)은 공동위험이나 개인의 생명위험을 방지하기 위해서만, 법률에 근거하여 공공질서와 안전(öffentliche Sicherheit und Ordnung)에 대한 급박한 위험으로부터 보호하기 위해 특히 주택난 해소, 전염방지, 위험에 처한 청소년보호를 위해 내려질 수 있다.

제14조 【재산권, 상속권, 수용】

(1) 재산권(Eigentum)과 상속권은 보장된다. 그 내용과 한계(Schranken)는 법률로 정한다.

(2) 재산권은 의무를 수반한다. 재산권행사는 동시에 공공복리(Wohle der

---

2) 원문은 "주거에 대하여 음향감시를 위한 기술적 장비를 투입할"로 되어 있지만 의역했음을 밝힌다.

Allgemeinheit)에 기여해야 한다.

(3) 收用(Enteignung)은 공공복리를 위해서만 허용된다. 수용은 보상의 종류와 범위를 규정한 법률로 또는 법률에 근거해서만 행한다. 보상은 공익과 당사자 이익간 정당한 형량을 통해 결정되어야 한다. 보상액수에 관한 분쟁은 일반법원(ordentlichen Gerichten)에 제소할 수 있다.

第15조【사회화】

토지(Grund und Boden), 천연자원, 생산수단은 사회화를 목적으로 보상의 종류와 범위를 정한 법률로써 공유나 공동관리경제(Gemeinwirtschaft)의 다른 형태로 변경할 수 있다. 보상에는 제14조 제3항 제3문, 제4문이 준용된다.

第16조【국적박탈, 인도】

(1) 독일국적은 박탈되지 않는다. 국적은 법률에 근거해서만 상실되며, 당사자가 무국적자가 되지 않을 경우만 당사자 의사에 반하여 상실 할 수 있다.

(2) 어떤 독일인도 외국으로 인도되지(ausgeliefert) 않는다. 법치국가원칙이 보장되는 한, 법률로써 유럽연합의 회원국이나 국제법원으로의 인도(Auslieferungen)를 예외적으로 정할 수 있다.

第16a조【망명권】

(1) 정치적 박해를 받는 자는 망명권을 누린다.

(2) 유럽공동체 회원국이나 난민의 법적지위와 인권과 기본적 자유에 관한 협약이 적용되는 다른 제3국을 통해 입국한 자는 제1항을 원용할 수 없다. 제1문에 해당되는 유럽공동체 이외의 국가는 연방상원(Bundesrat)의 동의를 얻어 법률로써 정할 수 있다. 제1문의 경우, 체류종료조치는 이에 반하여 제기된 법적 구제절차와 관계없이 집행될 수 있다.

(3) 법적 상황, 법적용 및 일반 정치관계에 근거할 때 정치박해나 비인간적 혹은 모욕적 형벌이 없는 것으로 보이는 국가들을 연방상원의 동의를 얻어 법률로 정할 수 있다. 그러한 국가출신의 외국인은, 망명을 인정할 만한 정치적 박해사실을 제시하지(vorträgt) 않는 한, 박해 받지 않는 것으로 추정한다.

(4) 제3항의 경우와 명백하게 이유가 없거나 이유가 없는 것으로 인정되는 경우, 체류종료조치는 그 적법성에 중대한(ernstliche) 의심이 있을 때에만 법원에 의해서 정지되며, 법원의 심사범위는 제한할 수 있으며 지체된 제시사항(Vorbringen)은 고려하지 않을 수 있다. 자세한 내용은 법률로 정한다.
(5) 제1항 내지 제4항은 난민의 법적지위에 관한 협약과 인권과 기본자유의 보호를 위한 협약상 의무를 준수하고 협약의 체약국내 적용을 보장하며, 망명결정에 대한 상호승인을 포함하여 망명신청심사 관할조항을 규정한 유럽공동체 회원국이나 제3국과 체결한 조약에 반하여 적용되지 않는다.

第17조【청원권】

누구든지 단독으로 혹은 타인과 함께 서면으로(schriftlich) 관할기관과 의회(Volksvertretung)에 청원(Bitte)이나 소원(Beschwerde)을 제기할 권리가 있다.

第17a조【복무시 기본권제한】

(1) 병역과 대체복무관련법률은 복무기간동안 자유로운 표현의 자유(제5조 제1항 전반부), 집회의 자유(제8조),—군대와 대체복무 소속원에게 타인과 함께 청원(Bitten)이나 소원(Beschwerden)을 제기할 권리가 보장되는 한—청원권(제17조)을 제한할 수 있다.
(2) 민간인 보호를 포함한 국방관련 법률은 거주이전의 자유(제11조)와 주거불가침(제13조)을 제한할 수 있다.

第18조【기본권의 실효】

의사표현의 자유, 특히 언론(Pressefreiheit)의 자유(제5조1항), 교수의 자유(제5조3항), 집회의 자유(제8조), 결사의 자유(제9조), 서신 · 우편 · 전신의 비밀(제10조), 재산권(제14조) 또는 망명권(제16a조)을 자유민주적 기본질서에 대항하는데 남용한 자에 대해서는 이 기본권들의 효력이 상실된다. 실효와 그 범위는 연방헌법재판소가 결정한다.

第19조【기본권제한, 권리구제보장】

(1) 헌법(Grundgesetz)에 따라 법률로써 또는 법률에 근거하여 기본권을 제한할 때, 법률은 일반적인(allgemein) 효력을 가지며, 개별사안(Einzelfall)만을 위한 효력을 가질 수 없다. 또한 법률은 해당 기본권 조항을 제시해야(nennen) 한다.
(2) 어떤 경우에도 기본권의 본질적 내용은 침해(angestatet)할 수 없다.
(3) 성질상 적용할 수 있을 때 기본권은 국내법인에게도 효력을 갖는다.
(4) 공권력에 의해 권리를 침해당한 사람에게는 권리구제절차(Rechtsweg)가 열려있다. 다른 관할권이 인정되지 않으면 일반적인(ordentliche) 권리구제절차가 주어진다. 제10조 제2항 제2문은 그대로 유지된다.

Ⅱ. 연방과 주(Der Bund und die Länder)

제20조【헌법원리, 저항권】

(1) 독일연방공화국은 민주적 그리고 사회적 연방국가다.
(2) 모든 국가권력은 국민으로부터 나온다. 국가권력은 국민이 선거와 투표를 통해 그리고 입법, 행정, 사법의 특별기관(besondere Organe)을 통해 행사한다.
(3) 입법은 헌법적 질서에, 행정과 사법은 법률(Gesetz)과 법(Recht)에 구속된다.
(4) 본 질서를 폐지하려는 자에 대항하여, 모든 독일인은 다른 구제수단이 없을 때 저항할 권리를 갖는다.

제20a조【자연적 생활기반】

또한 국가는 미래세대(künftigen Generationen)에 대한 책임을 지고, 헌법질서 내에서 입법을 통해, 법과 법률에 따른 행정과 사법을 통해 자연적 생활기반과 동물을 보호한다.

(중략) ...

제33조【국민의 권리와 의무의 평등, 공무원】

(1) 모든 독일인은 모든 주에서 평등한 국민의 권리와 의무를 갖는다.

(2) 모든 독일인은 자신의 적성, 능력과 전문적인 업적에 따라 모든 공직에 임용될 평등한 기회를 갖는다.
(3) 시민 또는 국민의 권리향유, 공직임용, 공무수행 시 취득하는 권리들은 종교와 무관하다. 누구도 자신의 신앙고백이나 세계관 여부에 따라 불이익을 받지 않는다.
(4) 고권적 권한(hoheitsrechtliche Befugnisse)의 행사는 원칙적으로 공법상 근무관계나 충실관계(Treueverhältnis)에 있는 공무수행자에게 지속적인 사무로서(als ständige Aufgabe) 위임된다.
(5) 공무원법은 전통적인 직업공무원제의 원칙들을 고려하여 규정하고 발전시킨다.

(중략) ...

Ⅲ. 연방의회(Der Bundestag)

第38조 【선거원칙, 의원】

(1) 독일연방의회의 의원은 보통, 직접, 자유, 평등, 그리고 비밀선거에 의해 선출한다. 그들은 국민전체의 대표이며, 명령과 지시(Aufträge und Weisungen)에 구속되지 않고, 단지 자신의 양심만 따른다.
(2) 만18세 이상인 자는 선거권을 가지며, 성년에 이른 자는 피선거권을 가진다.
(3) 자세한 내용은 연방법률로 정한다.

(중략) ...

第48조 【휴가청구, 방해금지, 보수청구】

(1) 연방의회 의석을 획득하고자 하는 자는 선거준비를 위하여 필요한 휴가를 청구할 수 있다.
(2) 누구도 의원직 취임과 행사를 방해받지 않는다. 이러한 사유로 인한 해고의 통지(Kündigung)와 면직(Entlassung)은 인정되지 않는다.
(3) 의원은 독립성을 보장하기 위하여 적절한 보수(Entschädigungen)를 청구

할 수 있다. 의원은 모든 공공교통수단(staatlichen Verkehrsmittel)을 자유로이 이용할 권리를 갖는다. 자세한 내용은 연방법률로 정한다.

(중략) ...

Ⅹ. 사법(Die Rechtsprechung)

第92조 【사법권】

사법권은 법관에게 맡겨지고(anvertraut), 연방헌법재판소, 헌법(Grundgesetz)에 규정된 연방법원들 그리고 주법원들에 의해 행사된다.

第93조 【연방헌법재판소의 관할권】

(1) 연방헌법재판소는 다음 사항을 결정한다.

1. 연방최고기관의 권리와 의무의 범위 또는 헌법(Grundgesetz)이나 연방최고기관의 사무규칙(Geschäftsordnung)에 따라 고유한 권리를 갖는 그 밖의 기관(anderer Beteiligter)의 권리와 의무의 범위에 관한 분쟁을 원인으로 하는 헌법(Grundgesetz)의 해석
2. 연방정부, 주정부 또는 연방의회 재적의원 1/3의 청구로, 연방법률 또는 주법률이 헌법에 대한 형식적 또는 실질적(sachlich) 합치성에 관하여, 또는 주법률이 그 밖의 연방법률에 대한 합치성에 관하여 의견차이(Meinungsverschiedenheiten)나 의심이 있을 때

2a. 연방상원(Bundesrat), 주정부, 주의회(Volksvertretung eines Landes)의 청구로, 법률이 第72조 第2항의 요건에 부합하는지 여부에 관한 의견차이가 있을 때

3. 연방과 주의 권리와 의무에 관한, 특히 주의 의한 연방법률의 집행과 연방감독(Bundesaufsicht)의 행사에 있어서 의견차이가 있을 때
4. 다른 권리구제수단(Rechtsweg)이 없는 경우, 연방과 주간, 주상호간 또는 주 내부에서 그 밖에 공법상 분쟁(Streitigkeiten)에 대하여

4a. 공권력에 의하여 기본권 또는 第20조 第4항, 第33조, 第38조, 第101조, 第103조 및 第104조에 규정된 권리가 침해되었다고 주장하는 자가 제기하는 헌법소원에 관하여

4b. 법률에 의하여 제28조 자치행정권의 침해를 이유로 지방자치단체(Gemeinden)와 지방자치단체조합(Gemeindeveränden)이 제기하는 헌법소원과, 주헌법재판소에 소원이 제기될 수없는 경우 주법률에 대하여

5. 그 밖에 본 헌법(Grundgesetz)이 규정하고 있는 사안들.

(중략) ...

第101조【법률로 정한 법관에 재판받을 권리】

(1) 특별법원(Ausnahmegerichte)은 인정되지 않는다. 누구도 법률로 정한 법관(gesetzlichen Richter)에 의해 재판받을 권리를 박탈당하지 않는다.

(2) 특별사항영역을 위한 법원은 법률로써만 설치할 수 있다.

第102조【사형폐지】

사형은 폐지한다.

第103조【법정진술, 죄형법정주의】

(1) 누구든지 법정에서 진술(rechtliches Gehör)할 청구권을 갖는다.

(2) 어떤 행위든지 행위 이전에 가벌성(Strafbarkeit)이 법률로 확정된(bestimmt) 경우에만 처벌할 수 있다.

(3) 누구든지 동일한 행위를 이유로, 일반형법에 의하여 거듭 처벌되지 않는다.

第104조【신체의 자유 제한과 박탈】

(1) 신체의 자유는 형식적(förmlichen) 법률에 근거하여, 그 법률에 규정된 형식을 준수해서만 제한될 수 있다. 구금된 자를 정신적으로(seelish)나 신체적으로 학대하지(miβ handelt) 못한다.

(2) 자유박탈(Freiheitsentziehung)의 허용과 유지에 대해서는 법관만 결정한다. 법관의 결정에 의하지 않은 모든 자유박탈은 지체없이 법관의 결정을 받아야 한다. 경찰은 자체적인 권한(eigener Machtvollkommenheit)으로 누구도 체포된 날 익일까지 구금(in eigenem Gewahrsam)할 수 없다. 자세한 내용은 법률로 정한다.

(3) 범죄행위 혐의 때문에 일시적으로 체포된 자는 늦어도 체포익일에 법관

에게 구인(vorzuführen)해야 하며, 법관은 체포된 자에게 체포이유를 고지하며, 그를 訊問하고(vernehmen), 이의제기 기회를 주어야 한다. 법관은 지체 없이 이유를 첨부한 체포영장을 발부하거나 석방을 명해야 한다.

(4) 자유박탈의 명령이나 유지에 대한 법관의 모든 결정은 지체 없이 피구금자의 가족 또는 그가 신임하는 자에게 통지되어야 한다.

(중략) ...

XI. 경과규정과 종결규정(Übergangs- und Schluβbestimmungen)

제116조【헌법상 독일인의 의미】

(1) 본 헌법(Grundgesetz)에서 의미하는 독일인이란, 법률에 달리 규정이 없는 한, 독일국적을 가진 자이거나, 1937년 12월 31일 현재 독일제국(Deutschen Reiches)의 영역내 독일혈통을 가진 난민이나 실향민(Vertriebener) 또는 그 배우자나 비속(Abkömmling)으로 받아들여진 자이다.

(2) 1933년 1월 30일에서 1945년 5월 8일까지 정치적 · 인종적(rassischen) 또는 종교적 이유로 국적을 박탈당한 구독일 국적 보유자와 그 비속은 신청에 의하여 다시 귀화할 수 있다. 1945년 5월 8일 이후 독일 내에 주소를 가지고 있는 사람들은, 반대의사를 표명하지 않은 한, 독일국적을 상실하지 않은 것으로 본다.

(중략) ...

제142조【주헌법상 기본권】

제31조와 관계 없이, 주헌법 조항들은 본 기본법 제1조 내지 제18조와 일치하여 기본권을 보장하는 한 효력을 가진다.

(이하 생략)

찾아보기 (INDEX)

독일판례

유럽판례

우리나라 판례

ㄱ

ㅈ

ㅊ

ㅋ

ㅍ

ㅎ

저 자

• 정문식

- 한양대학교 법과대학 졸업 (법학사, 법학석사)
- 독일 베를린 훔볼트대학교 수학 (LL.M., Dr. jur.)
- 현 전남대학교 법학전문대학원 조교수 (2006~)

독일헌법 기본권 일반론

인쇄 | 2009년 2월 10일
발행 | 2009년 2월 20일

저자 | 정문식
발행 | 김윤수
발행처 | 전남대학교출판부

등록 | 1981. 5. 21. 제53호
주소 | 500-757 광주광역시 북구 용봉동 300
전화 | (062) 530-0571~3
팩스 | (062) 530-0579
홈페이지 | http://altair.chonnam.ac.kr/~cnup

값 10,000 원

ISBN 978-89-7598-724-3 (93360)

이 도서의 국립중앙도서관 출판시도서목록(CIP)은 e-CIP홈페이지(http://www.nl.go.kr/cip.php)에서 이용하실 수 있습니다. **(CIP제어번호: CIP2009000477)**